青春文庫

# “私の時間”はどこに消えたのか

## 誰も教えてくれない24時間のすごい使い方

ライフ・リサーチ・プロジェクト[編]



青春出版社

# はじめに

大人になると、時が経つのをはやく感じるようになる。毎日、時間に追われるような生活をしていたら、すぐに一日、気づけば一週間、あっというまに一年が経っている。〝私の時間〟はいったいどこへ——。

それなら、ここで一度立ち止まって「時間」と向き合ってみよう。

本書は、今の時間の使い方を客観的に見直すことを通して、ムダなく、無理なく24時間を〝設計〟する方法を提案している。急かされない充実した人生を送るために、今日からすぐにできる、ひとつ上の時間の教科書である。

ムダなスマホ時間から〝黄金の時間〟を作り出すコツをはじめ、「作業系」と「思考系」を切り分けて最短でタスクをこなす方法、「ながら動線」をつくって手ぶらではけっして動かないようにするワザなど、簡単に実践できて効果バツグンの方法ばかりだ。ムダな時間を減らし、その代わりに自由で贅沢な時間を手に入れていただければ幸いである。

２０２３年７月

ライフ・リサーチ・プロジェクト

"私の時間"はどこに消えたのか■目次

## 1 時間と向き合う……11

## 2　時間をつくる …… 51

## 3　時間を使う

制作◉新井イッセー事務所
DTP◉フジマックオフィス

# 1

# 時間と向き合う

## 効率アップには、時間の家計簿が欠かせない

どんな人にも1日24時間が平等に与えられている。しかし、同じ時間の中で行動していても、人によってこなせるタスクの量は異なる。これを「能力の差」だとあきらめるのは、あまりにもったいない。

時間を上手に使える人になりたければ、まず手持ち時間の使い方を洗い出してみよう。家計をうまくやり繰りしたいと思ったら、家計簿をつけるのと同様に「時間の家計簿」をつけるのだ。

何もむずかしく考える必要はない。朝起きてから夜寝るまでの行動を記録するだけでいい。スマホのスケジュールアプリや、手帳に記録をつける。1週間くらい続けると、自分の行動パターンが見えてくるはずだ。

次に、それぞれの時間を項目別に色分けやタグづけをしてみる。その中で通勤や通学、睡眠など、削ることができないものを家計でいうところの固定費と考える。

つまり、それ以外の時間の中でやり繰りを検討していくのだ。

たとえば朝、家を出るまでに起床から1時間以上かかっていたとする。そのうち、どんな作業にどれだけ時間を取られているのか考えて短縮できる方法を探す。

着る服を選ぶのに時間がかかるなら前日のうちに決めて用意しておく、洗濯をするなら夜のうちにできないか検討する、朝食の支度に手間取るなら時短メニューや作り置きを活用する、ニュースをインプットするならネット記事やテレビではなくラジオなどを利用するなど、カットできるタスクは工夫しだいで意外と多い。

日中や夕方なら、買い物に時間がかかっている人は、ネットショッピングやまとめ買いをすれば効率がいいし、仕事時間の割に作業が進んでいないなら、休憩代わりに雑用や家事の時間を組み込んで、集中力の維持を図ってみる。

時間の家計簿をつけることで、単なるムダな時間の洗い出しだけではなく、時間がかかっても必要なタスクや、もっと圧縮できるタスクがはっきりする。自然と能率アップができるシステムを組んでしまえば、アタマも時間も、もっと別のことに使えるようになる。

## 実現への近道を見つける「未来から描くロードマップ」

小さな子どもたちは、「宇宙飛行士になりたい」とか「サッカー選手になりたい」などと臆することなく夢を口にできる。しかし、大人になると今までの経験や知識が邪魔をして、夢のある未来を語れなくなるものだ。それでも夢や理想を語るというのは、実現への最短距離を探す強力な武器になる。

大きな目標を立てたなら、不安や迷いに時間を費やすヒマはない。やると決めた以上、それらを実現するべく効率的に戦略を練り、即実行するのがベストだ。

そうはいっても自分に自信がない、具体的な方法が見えにくいこともあるだろう。そこでおすすめしたいのが、未来から逆算するロードマップだ。目標を達成した未来の自分になり切って考えるのである。

たとえば、英検1級に合格したいと考えたとしよう。試験が1年後だとしたら、英検1級に合格した自分になりきってその過程を振り返ってみる。

「○月×日　英検1級に合格した」
「1か月前　過去問で6割を達成した」
「2か月前　参考書の3巡目が終わった」

この要領で、実現までのロードマップを描いてみよう。今の自分の実力では実現不可能に思える目標であっても、「実現した」と仮定した未来の視点で考えればすんなりとその過程が見える。また、いくつものパターンを考えられれば、より効率的な方法が見つかるかもしれない。

どう見ても無理だと思ったら、それは時間が足りないのか、あるいは努力が足りないのか、そもそも目標設定自体が荒唐無稽なことなのかを判断すればいい。大切なのは実現したという未来を設定することで、「無理かも」と思ってためらう時間のムダをカットできる。

目標が大きいほど想像の余地も大きい。ここはひとつ、未来の「できる自分」になり切って楽しんでみたい。

## 色分け付箋で「すきま時間版Ｔｏ Ｄｏリスト」をつくる

大人になると、まとまった時間を自分のために使えることはそうない。たとえ空き時間があっても、５分、10分、30分といった細切れで、なんとなくＳＮＳをチェックして過ごしてしまうのが関の山だ。

限られたすきま時間しかないのであれば、それをフル活用するため、「すきま時間版Ｔｏ Ｄｏリスト」を作っておこう。

Ｔｏ Ｄｏリストに並べるのは、できるだけさっとできるタスクにするのがコツだ。理想は１回のすきま時間で完結できそうなものがいい。すきま時間は、いつ、どのくらいの長さで生まれるかわからないので、作業が中途半端になることで、かえって面倒な作業になってしまっては意味がない。

家の中のタスクなら、洗剤の詰め替え、風呂場の空きボトルを捨てる、日用品のストックチェック、古新聞紙をまとめる、玄関の砂やほこりを掃き出すなど山ほどあるだろう。

仕事のタスクなら、名刺の整理、メールボックスの整理、事務用品の補充、処理済みの書類の整理、机の上の不用品の処分など、やっておくと日々の作業効率が上がるようなものでもつい後回しにしがちだ。

思いつく限りのタスクをリストアップしておけば、とっさにできたすきま時間をフル活用できる。その影響でほかの時間効率もよくなるし、どんどん処理することができるので、〝小さな成功体験〟を積み重ねることができるはずだ。

まず、自分の生活パターンを振り返って、どの程度のすきま時間が発生するのかを考える。その時間に合わせてリストを仕分けて管理するのだ。

そもそもつい忘れてしまいがちなタスクなので、必ず見えるように記録することが大切だ。5分用、10分用、30分用と色分けした付箋を手帳やノートなどに貼っておくのもいい。単発のタスクなら処理したら剥がして処分し、継続的に発生する場合はそのままにする。新しいタスクができたらまた貼りつけるだけでいい。簡単なリスト作成で時間効率が驚くほどアップする。

## あえてアナログ時計で、自分の状況を視覚化する

小さな子どもからお年寄りまで、多くの人が当たり前にスマートフォンを持っている昨今では、時間の確認もスマホの画面で済ませている人は多い。タイマーやアラーム機能も備えていて便利なのだが、時短に対する意識を身につけるには、アナログタイプの腕時計がおすすめだ。

スマホ画面のデジタル表示の時刻から得られる情報は、あくまでもその瞬間の時間に限定される。一方、アナログ表示の場合は、たとえば1時間の中で自分が今、どのくらいの位置にいるかを長針と短針を使って視覚的に教えてくれる。

朝、7時40分に家を出るとして、スマホの画面で「AM7：20」と確認するのと、アナログ時計で短針が7を過ぎ、長針が4を指しているのを見るのとでは、残り時間への意識が違う。それに秒針がついていたら、まさに待ったなしのカウントダウンで時間への意識がさらに高まるだろう。

では、スマホの画面の表示をデジタルからアナログに変えればいいのではと思うかもしれないが、ここには落とし穴がある。

スマホはカバンの中やポケットの中に入れている人が多いので、時間を知るためにはそこから取り出すという動作が必要になる。これが意外と面倒なのだ。

さらに、スマホを取り出して時間を確認して、それからの動作が問題だ。ついSNSを確認したり、ゲームを起動したり、ネットサーフィンをしてしまう。これでは、時間を確認したことが時間のムダを生むという本末転倒な結果をもたらす。

そこへいくと、アナログの腕時計は時間を知りたいときにすぐ確認できるうえ、よけいな作業を生まないという優れモノなのだ。

自分の腕をちらりと見ればいいというのは思いのほか便利だ。目上の人と話しているときや、打ち合わせ中にガサゴソとスマホを出すのは失礼だが、腕時計ならさりげなく時間を確認することができる。

通勤通学の電車内でスマホを眺めるのがスタンダードになった現在、意識的にスマホと距離を置く工夫をすることも時間を作り出すコツなのである。

## そこそこズボラなタスク管理がゆとりを生む

生活全般のタスク整理について、どの時間を使ってやるのかと同様に大事なのは、どうやって（どのくらいの時間を使って）やるか、ということだ。

まずは、起床から就寝までの行動をできるだけ細かく書き出してみよう。そのうえで、省けることや時間をずらしてまとめてできることなどを洗い出す。その際、ずぼらだとか経費がかさむという視点から無意識に俎上に上げないことがないように気をつけてほしい。

たとえば、朝コーヒーを飲む習慣があったとする。キッチンをきれいに保つという観点で考えれば、使ったコーヒーカップはその都度洗って片づけるのがベストだ。

しかし、コップ1個のためにスポンジに洗剤をつけて洗い、水で洗い流してからコップを拭き上げて棚にしまう作業をそのタイミングで行う必要があるか考えたい。作業のために必要なのは1、2分かもしれないが、朝の貴重な時間の中では1分1

秒も惜しい。

コーヒーカップをシンクに置いて水を入れておいて、昼ご飯や夕飯など、ある程度まとまった洗い物をするときにまとめてしまえば、当然、時間を短縮できる。

洗濯の回数も本当に必要かどうか考えてみる。1人暮らしや2人暮らしの場合は、毎日洗濯機を回さないという人も多いはずだ。家族が増えれば洗濯物の量も増えるし、必然的に回数も増える。

しかし、4人家族でバスタオルが4枚しかなかったら毎日洗濯が必要だが、8枚あれば1日おきでもいい。収納の容量にもよるが、家事に取られる時間とのバランスを考えて、あえて物を増やすと結果的に家事の時間を短縮することができることもある。

几帳面に、丁寧に暮らしを回していくということと、時間のゆとりをつくることは両立しないこともある。まず自分の生活を細かく分析して、「快適」と「時短」が共存できるようにしてみたい。

## 質の高いすきま時間を過ごせるように準備する

電車の中でスマホの画面を眺めている人はじつに多い。だが、その小さなスクリーンに映し出されているコンテンツは人それぞれ違っている。

フォローしている有名人や店のＳＮＳをチェックしている人がいれば、ニュース記事を読んでいる人、ゲームに熱中している人もいる。

いつも忙しくて時間がないと感じているのなら、こうしたなんとなく過ごしがちな時間の見直しがカギになる。具体的には、そういう時間こそ、主体的に自分を高めることに使いたい。

新しいスキルを習得したいと思っているのなら学習アプリやチュートリアルを活用することもできるし、手がけている仕事についての知識をインプットする時間にするのもいい。

このような自分をブラッシュアップするための時間は、じつは無制限にあるよりも限られているほうが質が上がるといわれている。

目的の駅に着くまで30分しかないと思うからこそ凝縮した中味の濃い時間を過ごせるし、それが興味のある内容であればおのずと集中力は高まっていく。ちょっと難しい本なども時間がない時ほど集中して読めて理解も深まる。

もちろん、楽器演奏や料理などを習得したいけれど、すきま時間では対応できないこともある。その場合は、準備の時間にしたい。情報を集めたり、プランを練ったりすることがより良い経験につながるはずだ。

そもそもすきま時間というのは、何かの予定と予定の間にぽっかりと空いた時間なのだから、おのずと制限がある。次の予定が来れば、どんなに続きがやりたくても中断しなくてはならない。その緊張感や焦りが集中力アップという効果をもたらしているのだ。

だから、待ち合わせの相手から1時間遅れるなどと連絡があったりするのは、チャンスだ。突然やってくるこのようなすきま時間に対応できるように、ふだんからやりたいことにいつでも取りかかれるように準備しておこう。

## 自分の行動パターンを見直す「プログラミング的思考」とは？

毎朝、ほぼ同じ時間に起きて食事を摂り、身支度をして家を出る。目的の場所が学校だったり、職場だったりするものの、私たちは小学生のころからこのルーティンを繰り返している。

布団の中では「今日は何となく行きたくないな…」と思っていても、いざ起きたらいつも通りに体が動き出し、気がついたらすべてをやり終えて玄関のドアを開いているのだ。

このような〝いつもの〟行動は、本人は無意識で行っていたりするのだが、客観的に見るとムダな動きがあったりもする。もし、ギリギリまで寝ているわけでもないのに、なぜかいつも時間がなくて慌ただしいというなら、一度自分の朝の時間を「プログラミング的思考」で振り返り、論理的に構築してみてはどうだろう。小中学校などでも取り入れられているプログラミング的思考は、問題を分割し、手順を設計して最適な方法を見つけるというものだ。

たとえば、「バタバタしている朝の準備」という問題を、「起床」「トイレ」「洗顔」「歯磨き」「朝食づくり」「食事」「テレビのニュースチェック」「後片づけ」「髪のセット」といったパーツに分けて、自分がふだんどのような行動パターンで動いているかをフローチャートに書き出してみる。

たとえば、「洗顔」↓「朝食づくり」↓「食事」↓「歯磨き」↓「テレビのニュースチェック」↓「髪のセット」↓「後片づけ」というように動いていたら、キッチンやリビングと洗面台を何度も往復していることがわかる。

この場合、行動の順番を入れ替えることで時間のロスを減らすことが可能だし、テレビのニュースをスマホで見るようにすれば歯磨きをしながらリビングに移動することもなくなる。汚れた皿がシンクに置きっぱなしになるという問題も、時間調整が可能な髪のセットを最後に持ってくれば解決できるかもしれない。

このように自分の行動パターンを細分化して再構築することで、まだまだ24時間は有意義なものになるのだ。

## 1日を3つのタイムゾーンに分けて行動する

日々のスケジュール管理をする時に、1日を3つのタイムゾーンに分けて考えてみよう。午前中、午後、夕方以降に適したタスクを振り分けることで、効率がぐっとよくなるはずだ。

午前中は、十分に睡眠をとっていれば一番体力があり、集中力もある。少々ややこしい作業や、細かい作業、難しい対応などもこなせるはずだ。

一時、朝活がブームになったが、多くの企業の始業が9時前後だと考えれば、それ以前の時間には電話やメールなどの対応が発生しない。外部から邪魔の入りにくい時間帯であり、気力も体力も十分とくれば、細かい下準備を終えたり、集中したい作業をすることは理にかなっている。

午後の時間帯は少し疲れも出てくるし、そのぶん、集中力も欠きがちになる。昼食後は、満腹感も相まって眠くなってしまうなんていうこともあるだろう。そんな時には外出したり、人に会ったりするのだ。

細かい作業よりも、打ち合わせをしてアイデアを出し合う、場所を変えてルーティンの仕事とは違う新しいことに触れて想像力を刺激すれば、ストレスなく活動できる。

夕方以降は、1日の活動をまとめる時間帯にする。作業の成果を整理したり、報告書を作成する、翌日以降の仕事にフィードバックすることをまとめるといった作業をすることで、次の日がより効率的に使えるはずだ。

また、寝るまでの時間でリラックスして睡眠の質を高めるために、趣味に取り組むことや、入浴時間を使ってリフレッシュするといった使い方もおすすめだ。結果として翌日のパフォーマンスがよくなれば、リラックスタイムもけっしてムダな時間にはならない。

がむしゃらに作業を詰め込んでも、それに見合った成果が上がるとは限らない。1日の中で、自分の状態がどのようになっているか見極め、その時間帯に合わせたタスクをこなしていくようにしたい。

## 読めないタスクは、「取りかからない」か「見切る」のが鉄則

時間に追われて1分1秒が惜しいという状況なら、絶対に避けたほうがいいタスクは「時間が読めない」ものだ。当たり前に聞こえるが、意外とこれにはまるパターンは多い。初めてやること、苦手分野のもの、複数の人に確認する必要があることなどは時間が読みにくいものだ。

時間が読めないということは、終わる時間が予測できないということでもある。単純にその作業にかかる時間が膨らむだけでなく、それ以降のスケジュールがすべて押してしまい、計画がどんどん狂っていくのだ。

このような事態を防ぐために気をつけたいのは、「取りかからない」ことと「見切る」ことだ。

まず、明らかに時間が読めないものは、あえて後回しにするなり、ほかの人に振るなりして、スケジュールに組み込むのを極力避ける。むずかしいタスクは早めに

取りかかったほうがいいというのも考え方のひとつではあるが、時間効率の点から見れば、時間に余裕があるタイミングのほうがベターだ。

どうしてもやらなければならない時は、「見切る」ことが重要になってくる。嫌な予感が当たってしまい、ずるずると時間が押していきそうな気配を察知したら思い切って見切りをつけよう。

ただし、あきらめたり放り出したりするのではなく、あくまでも進行中の作業に見切りをつけて、ペンディングにするのだ。

いったん棚上げしたことで二度手間になっても、ほかの作業の時間を奪うことを考えたらそのほうがましだ。

はじめから作業時間の終わりを決めておくのもいい。多少予定時間をオーバーしても、終わりが見えてきたならそのまま続ければいい。一番避けたいのは、終わりが見えないまま時間を浪費していくことなのだ。

ただし、自分のことだけを考えて他人に押しつけるのは論外だ。多少のムダな時間には目をつぶったほうが、後々スムーズにコトが運ぶこともある。

## 第三者目線で「問い」を投げかけ、思考時間をカットする

将棋のタイトル戦などを観ていると、トップ棋士が一手打つまでに数時間、ときには翌日まで考えるような「長考」もざらにある。しかし一般の人の場合は、長時間考えることがいいとは限らない。

時間がありすぎると、あれこれ迷うばかりでムダなことも多くなる。選択肢を増やし過ぎるとなかなか決められなくなってしまうし、ことの本質を見失いかねないという弊害も生まれてくる。

意識したいのは、一定の時間内にそれなりの成果を上げることだ。やみくもに時間を費やすよりも、時間を決めて切り上げたほうが集中力も持続するし、判断も大胆に下すことができる。

リミットは人それぞれ違うだろう。10分でも20分でも、自分の感覚にフィットする長さでいい。ただし、30分以上になると少し長くなってしまうので、なるべくそ

の範囲で収めると効率がいい。

その限られた時間の中でぼんやりと考え続けるのではなく、常に自分に問いかける思考方法を身につけておきたい。第三者目線で、
次にどうする？

という問いを自らに投げ続けるのだ。そのうえで、スマホや腕時計のアラーム機能を利用し、タイムリミットを設定して自分を追い込んでいく。目に見えて残り時間が減っていくなかでは雑念の入る余地がないので、決断がスムーズに下せるようになるのだ。

「この作業は必要か？」「次の手はAかBか」「予算はどれくらい必要か」「どんな手段で周知しようか？」といった具合に、できるだけ細かく、具体的に問いを投げ続けよう。その問いに答えていくうちに進むべき手順がより明確になる。

## 毎日の家事と掃除は、音声アシスタントで管理する

毎日、歯みがきをするのに何分かけているか、把握している人はどれだけいるだろうか。食器を洗う、昼食をとる、入浴する、就寝の支度をするなど、日常生活のルーティンの家事は限りなく挙げられるが、塵も積もれば山となるというように1日の時間の中で大きな割合を占めている。

なんとなくやっていた家事こそ時間を意識して行いたい。細かい時間の効率化を意識することは、単純に時短になるだけでなく、効率よく動くことを意識して動ける体質になるためにも役に立つ。

まず、それぞれの作業にどれくらいの時間がかかっているのかを正確に計って書き出してみる。そのうえで、たとえば朝の歯みがきは3分、朝食は15分、昼食は30分、入浴は20分以内というように、現状より少しタイトに見積もった目標時間を決めてしまうのだ。

　また、いくつかのタスクが重なるルーティンの家事は細かく分割して考えてもいいし、ざっくりとした大枠の時間を決めてもいい。そこは自分のライフスタイルに合わせて工夫したい。

　ルーティン作業の時間管理にぴったりなのが、Googleアシスタントやアレクサ、Siriなどの音声アシスタントだ。慌ただしい時間でも、タスクを終えるごとに新しいタスクのアラームを鳴らすことができるので便利だ。アナログなやり方が効果的なこともあれば、先端機器を使う方が便利なこともある。

　どんな人でも毎日やる作業なので、この習慣を繰り返していくうちに、5分、10分、15分といった短時間の時間感覚が身につく。細切れ時間をうまく使うためには、体感で「だいたいこれくらいの時間」と把握できるのは大きな武器になる。

　ルーティンの家事の作業時間から細かく削った時間は、ある程度まとまった時間となって自分を助けてくれる。無から生み出した時間とまではいえないが、ちょっと得した気持ちになるはずである。

## 細かく仕切って管理した方が、ゆったり過ごせるワケ

時間の管理を大きく分けると、「大枠を決める」と「細かく仕切って決める」の2パターンがある。どちらも長所と短所があるが、時短の観点から考えたら、細かく仕切って管理するほうが成功しやすいといえる。

まず大枠を区切るやり方は、時と場合によっては大きく時短になる可能性もあるが、同時に時間をオーバーする可能性も十分にある。

一方の細かく仕切って時間を管理する場合、大きく時間を短縮できる可能性は低くなるが、そのぶんタイムオーバーする危険性も低くなる。特に、つい作業を後回しにしてしまいがちな人には、細かく仕切るやり方をおすすめしたい。

わかりやすくするために、入浴時間を例に挙げてみたい。

トータルの時間が20分だとする。大枠で20分と決めるだけだと、まずざっと体を流してから湯船に身を沈める。ここでまず、「気持ちよくてつい長めにつかってし

まう」という事態が起きる。

10分経ってようやく湯船から出て体を洗い、髪を洗っても、時間の短縮はそれほどできず、結局20分以上かかってしまうということにもなる。

これを湯船に5分、洗髪に5分、洗顔と体を洗って5分と細かく決めれば、もう一度湯船につかる時間も取れるし、それを3分で終えたら、予定していた時間から2分の時短が可能になるのだ。

1日の時間は限られている以上、いかに賢く時間を生み出すかが日々の生活の質を大きく変えてしまう。細かく管理をするのは窮屈だと感じるかもしれないが、結果的には時間に余裕が生まれて、ゆったりとタスクをこなすことができる。

ただし、小さな子どもがいたり、それぞれの事情でなかなか管理が難しい場合もあるだろう。そのときは、あらかじめ設定時間を多めにとっておき、時間が浮いたらラッキーという程度の気持ちでやってみてほしい。

細かく仕切って動くというクセがつけば、変化するフェーズに合わせて時間をつくることができるはずだ。

## 早く仕上げるには、2段階分割＋ブラッシュアップが基本

仕事の企画書でも学校に出すレポートでも、締め切りのある書類を仕上げるにはスピード感を持って取り組むことが重要だ。ところが、特に真面目で誠実な人ほどなかなか仕上がらないことがある。長所にしか思えない誠実さが、あだになってしまうのだ。

そこで、とにかく早く仕上げたいなら、全体の作業をざっくりと2分割して考えてはどうだろう。①プロットを立てて、②大雑把に仕上げるのだ。

まず、全体の構成を立てる。仕上げたい書類の内容に合わせて、箇条書きで構成を作り上げよう。これは、屋台骨の役割を果たす。最終的に完成度を大きく左右するのでしっかりと組み上げたい。

次に、その構成に沿って仕上げていく。ここで意識したいのは、数字などのデータはダミーでも可、文章の精度も7割で十分ということだ。何よりも最後まで書き

きるということを目的とする。

これで完成といいたいが、もちろんまだ提出できるだけのクオリティではない。しかし、ここからの作業は形になったものの完成度を上げていくものなので、やることが明確で迷いがなくなる。資料をじっくりあたって、精度の高いものを仕上げることができるだろう。

数字をダミーで入れたところは正確なものを入れる。文章のつながりを見直して、矛盾や間違いがあれば訂正する。足りないところは補足するし、いらない部分は削いでいく。

最初から、すべてのデータを正確にして文章も練り上げて書き進んでいくのは、かなり時間がかかってしまう。それに比べて、全体をおおまかに仕上げてからブラッシュアップしていくほうが圧倒的にやりやすいはずだ。

肩の力を抜いて取り組むと、筆の勢いもよくなる。書類の仕上げにいつも時間がかかる自覚があるなら、少し〝不真面目〟さを心がけるとスムーズにこなせるようになる。

## 作業時間を減らしても完成度を維持できる行動習慣

巧遅拙速というが、多くの場合、いくら完成度が高くてもあまりスローペースなのはいただけない。

気をつけたいのは、はじめから100パーセントをめざすことでドツボにはまってしまうというパターンだ。

もちろんその心がけはいいのだが、あまりいい結果にたどり着けないこともある。完璧主義が度がすぎると、どうやってつくり上げていけばいいのかわからなくなり、身動きができなくなってしまいかねない。

もっと悪いのは、準備を万全にしたいという思いが強すぎて、なかなか取りかかれないことだ。こうなってしまったら、100パーセントどころか、完成までたどり着けるかもあやしくなる。

心当たりがあるなら、行動の順番を意識して変えてみよう。多くの場合、

①計画を立てて、②スタートし、③完成させて、④見直すというプロセスをたどるのが一般的だが、それを、①まずスタートし、②計画を立てる、③完成する前に見直す、④完成させるという順番にするのだ。

①と②に関しては、ほぼ同時進行と考えるといい。走りながら計画を立てていくイメージで気楽にスタートするのだ。あれこれ考えすぎて一歩目が踏み出せないより、まず始めてしまったほうが具体的な考えも生まれやすいし、もうやるしかないことが決断力を助けてくれる。

③は、ほどほどのところで立ち止まり見直す作業だ。やや慎重さに欠けるスタートを切ったぶん、ここではより丁寧に分析し、その先の行動を決める。まったく何もない段階で完璧を目指すよりも、ある程度形になってからのほうが緻密な計算がしやすいはずだ。

このやり方なら作業のスピード感はグッと上がる。ラフにやる部分と、緻密で慎重な部分をうまく使い分けたほうがトータルの作業時間を短縮できるのだ。

## これなら絶対忘れないリマインドの極意

集団生活を始めた子どものころから、「時間を守る」のは生活をするうえでの基本ルールとして繰り返し教えられる。大人になると、多少の遅刻や遅れが致命的なミスとなることも珍しい話ではない。

さまざまなことを処理しなければならない大人にとって、複数の締め切りを正確に覚えておくのは重要だ。

ただし、どんなに記憶力のいい人でもうっかりミスは完全に防げない。そこで活用したいのが、リマインダーだ。

スケジュールアプリや、音声アシスタントに備わっているリマインド機能は、一度登録すれば指定したタイミングで予定を知らせてくれるので、うっかり忘れる危険がぐっと減る。

その機能をさらに強化するために、締め切りの数日前、前日、当日と3回に分けてリマインダーを設定しよう。

前日と当日だけだと完全に忘れていた場合に対応が間に合わないこともある。何日か前にも一度リマインドしておくのがかしこいやり方だ。そこから作業を開始して何事もなかったように締め切りに間に合わせることができる。「完全に忘れているかもしれない」という前提でリマインダーを設定するのだ。

また、通知する時間帯にも工夫をしたい。朝や夕方など、慌ただしい時間に通知をしても、つい読み流して忘れてしまうかもしれない。数日前のアラームは、始業前の落ち着いている時間や食事をとっているタイミング、通勤中、寝る前の時間など、余裕のある時に受け取るように設定するほうがいい。

また、朝5分おきにかけるアラームのように、単なる雑音になってしまったらリマインド効果は薄くなる。単に回数を多くすればいいというわけではないのだ。

忘れたくない予定に合わせて使いこなせば、音声アシスタントはまさに有能な私設秘書になってくれるのである。

## ベストの計画を立てるために必要なのは、「自己分析」

しっかりした計画ができれば9割成功したのと同じといわれることがあるが、実際それは真実をついている。

考え得る限りの事態を想定して計画を立てれば、実行するなかで発生するトラブルや突発事項、イレギュラーなできごとにもスムーズに対応することができる。結果的に失敗のリスクは減るはずだ。

自ら計画を立てることの最大のメリットは、自分の能力や行動パターンに合わせてロードマップを描くことができる点だ。

どんなに完璧で緻密な計画に思えても、ほかの人が立てたものだとうまく回せないというのは珍しいことではない。手順、処理能力、生活パターンなど、そのどれかがフィットしていないだけで、完璧な計画もまったく意味がないものになりかねないのだ。

裏を返せば、最高の計画を立てるには、自己分析が必要ということになる。得意不得意、モチベーション維持の方法、1日の中でコンディションのいい時間帯など、じっくり見つめて分析したい。そのうえで、きめ細かい計画を作り上げていくのだ。

Aの作業なら午後に入れれば能率がよさそうとか、Bの作業は朝一に〝ながら作業〟の中でやってしまおう、Cの作業はチームメンバーにサポートを頼もうなど、あらゆる面から効率よく仕上げられるように練り上げていけば、隙のない無敵の計画書ができあがる。

理想的なのは、それに沿って何も考えずに作業をすれば目標を達成できる計画を練り上げられることだ。現実には、そこまでは難しいかもしれないが、多少突発的なことが起きても、計画がとん挫しないように、可能な限り選択肢を多く用意しておきたい。

タスク全体を見て、計画を練る時間に最も時間を割くくらいでちょうどいい。仕込みをしっかりすることが走り出してからの効率を上げるし、成功率もアップさせるのだ。

## 大胆、簡単、一目瞭然…書類管理のムダをなくすルール

ペーパーレスとはいってもまだまだ紙の書類は身の回りにあふれている。

処理をしたらすぐに処分できればいいが、ある程度の期間は保存しておかなければならない文書や、当面は処理が必要にならないものなどいろいろある。かといって、いざ取りかかろうとした時に探し当てられず、半日がかりでオフィスや家中をひっくり返すなどという経験をした人は少なくないはずだ。

整理整頓が苦手な人にとっては、「探す」という行為こそが時短の大敵になる。それをくりかえしている人は、想像以上に時間をロスしている。

書類の管理をむずかしくしている原因のひとつは、その中身もさることながらサイズや書式がバラバラというところだ。細かくきっちりと整理しようとしてもかえってムダな作業が多くなってしまうので、大胆、簡単、一目瞭然の3つを徹底することだ。

そこで注目したいのが、書類はほとんどが長方形をしており、角が4つある点だ。それらの角を利用して、誰が見てもすぐにわかるように〝タグ〟をつけるのである。まず、右上の角をハサミで三角形に切り落して「処理待ち」状態の印にする。その後、処理が済んだ案件から左上の角も切り落として「処理済み」にする。これで、いちいち中身を見なくても、進捗状況がひと目でわかるだろう。

しかも、書類の内容ごとにタグのつけ方や切り落とす場所を変えれば、シンプルでわかりやすい分類ができる。書類の上下左右を揃えて、サイズごとにまとめておくだけで書類を平積みにしてしまっても心配ない。

ちなみに切り落とせない書類は、ドキュメントファイルや書類ボックスを利用して、「入れておく場所」で分けておくといい。「処理前」箱と「処理済」箱というふうに分類すれば、探す手間をさらに減らすことができる。

このやり方はおおざっぱでよく、ハードルが低いのでオススメだ。

## 紙の本こそ、最強の時短アイテムである

昨今、通勤通学の電車内で読書をする人はほとんど見当たらず、多くの人はスマホの画面を眺めている。しかし、紙の本こそが最強の時短アイテムになり得ると聞けばいかがだろうか。

知識のインプットツールはいろいろあるが、アナログスタイルの書籍が時短にはぴったりなのだ。

紙の本はアンプラグド、つまり電源がいらないし、ネット回線も必要ない。文庫本ならポケットに入れて持ち歩ける。いつでもどこでも取り出して読むことができるのだ。

ネットにつながらないことも逆に大きなメリットにもなる。メールやSNSなどの通知も入らないので集中が妨げられない。そのため、短時間で知識をインプットすることができる。30分電車に乗るとしたら、けっこうなページ数を読み進められ

るだろう。

さらに、紙の本なら理解できるまで何度でも読み返せる。その情報量を考えれば、けっして高いものではない。第一線で活躍する研究者の著書も新書なら1000円程度で読むことができる。テレビやYouTubeでは物足りないという人なら本を手に取ってみる価値はある。

また、古典文学とカテゴライズされる作品は、比較的安価な価格設定で文庫化されているものが多い。

なかには500円以下のラインナップもあって、コーヒー1杯ほどの金額を払えば、大人なら知っておきたい文学作品を読むことができるのだ。

書店に足を運べば、そこは知識のるつぼ。すきま時間を利用して読書する習慣をつければ、いつの間にか知識が積み上がっていくのである。

## マルチタスクはかえって時間がかかってしまう理由

忙しいときに限って、次から次へとやることが出てくるものだ。やるべきことがこなせないからといってあれもこれも同時にやってしまおうとすると、マルチタスクはかえって時間がかかってしまうことになりかねない。

マルチタスクという響きは、効率アップにはぴったりのように聞こえる。しかし、一度に複数のことを処理しようとすると、当然のことながらひとつひとつに対する集中力も分散してしまう。少し複雑な処理や、新しいタスクの場合は仕上がりが雑になったり、ミスが生まれるリスクが高くなる。その結果、かえってムダに時間がかかってしまうことになるのだ。

マルチタスクが特に威力を発揮するのは、単純作業でルーティン化されている場合だ。目をつぶっていてもできるようなやり慣れた作業なら、同時進行でどんどん進めて時短をめざしたい。

一方で、慣れないことや難しいことはひとつずつじっくりと集中して取り組んだほうがいい。二度手間を防げるぶん、スムーズに事が運ぶはずだ。

しかし、どうしてもタスクが重なってしまい、並行して進めるしかないということもある。その場合は、物理的にタスクを切り分けて極力重ならないようにしたい。ふせんなどにタスクを細かく分けたものを書きこんで、ゲームのテトリスのように並べてみるのだ。

Ａの次はＢ、その次はＣ、というように同時に二つ以上処理するのではなく、切り替えをこまめに進めていくようにする。仮に作業が重なる瞬間があっても、似たようなタスクや相性がよさそうなものを選んで組み合わせられるといいだろう。

少なくとも同時進行は最低限に抑えられるので、目の前のことに集中することができる。忙しい時ほどミスを防ぐ環境を整えることが賢く時間を作りだす極意といえるのだ。

❖コラム・時間と向き合う

# 人生には「灰の時」と「炎の時」がある。なすべき何事もない時は、何もすべきではない。

アンリ・ド・レニエ（フランスの詩人・小説家）

人の人生は浮き沈みの連続である。いい時もあれば、悪い時もある。むしろ、順風満帆にいく時のほうがまれだ。小心者はうまくいかない時に限って、じたばたする。しかも、何かをさんざんやらかした挙句に失敗したりする。灰で覆われた時期はあえて動かない。流れに身を任せて、次のチャンスを待つべきだ。人生の多様性を受け入れ、どんな状況でも前向きに向き合うことが大切だ。デル・コンピュータの創業者であるマイケル・デルも「することは簡単だが、むずかしいのは『しない』ことを決めることだ」と言っている。

# 2

# 時間をつくる

## 一週間の予定は、金曜日に立てて、土曜日に見直すのが正解

スケジュールを立てる時、短期的なサイクルなら1週間のスパンで考えるのがほどよい長さだ。土日が休みの場合、週末はゆっくり休んで、月曜日からまたリフレッシュしてスタートとなるだろうが、そのスタートをよりスムーズに切るためには、スケジュールを金曜日のうちに立てるのがいい。

その日1日を振り返るのが夕方から夜の時間帯と考えれば、1週間のスパンでは金曜日が「夕方」にあたる。記憶が新しいうちに週内のタスクを整理すれば、取りこぼしなくチェックすることもできる。

金曜日のスケジュール立ては、仕事終わりのついでの時間を使う。まさにすきま時間の活用で、翌週の動きが格段にスムーズになるはずだ。

仕事モードが続いているうちなら、余力でスケジュールを立てることもできる。パソコンや資料を片づける前に、あと一息作業をしてみよう。

そのスケジュールに沿って月曜日から仕事をスタート、といきたいところだが、次の日（土曜日）に少しだけ時間をとって見直しをしたい。勢いで立てたスケジュールを一晩置いてクールダウンした頭で見直すと、足りない部分や修正したいところが見えてくる。より効率的な段取りが浮かびやすくなるのだ。

朝食を済ませた後にでもササッと見直してしまえば、1日の予定を圧迫することもない。そのぶん、休日を心置きなく過ごすことができるので、最低でも午前中のうちに済ませてしまいたい。

ここまでやっておけば、月曜日はスムーズにスタートすることができる。休日はいつもやり残したタスクが気になって休んだ気がしないという人も、翌週の見通しが立っていれば少しは心が休まる。そのおかげで休日も時間を有効に使うことができるのだ。

## 〝公私混同〟のスケジュールがもたらす相乗効果

社会に出ると人は家庭、職場、地域のコミュニティなど、公私ともにさまざまな立場に置かれるようになる。

職場でうまくいかないことがあっても、オンとオフをすっぱり切り替えて、自宅に仕事の悩みを持ち帰らないのが理想ではあるが、気を許せる家族だからこそ、愚痴を言ってガス抜きするのも悪いことではない。無理やり公私の顔を使い分けることで、かえって自分を追い詰めることだってある。

仕事のタスクをこなすにしても、個人の用事をこなすにしても、それを実行する人間はたったひとりだ。

あれもこれもとやらなければならないことが目白押しになった時、仕事のスケジュールと、プライベートのスケジュールを別々に管理する人もいるだろうが、無理に分けることはない。その日のやるべきことをリストアップしたら、仕事の業務も私用もすべて一緒くたにして、スケジュールを立ててしまえばいいのである。

「自分の用事は家に帰ってから」「今度の休みにまとめて」などと考えていると、別の雑事に追われて時間が取れず、そのまま先送りというパターンになりがちだ。

そうすると、いつまでたってもその用事は消化されないまま残ってしまう。そして、結局はそのための時間をまたつくらなくてはならなくなり、最悪、そのしわ寄せが仕事に影響を及ぼすこともある。スケジュールを公私で分けない最大のメリットは、これを防ぐことにあるのだ。

もちろん、勤め人であれば仕事中の時間を私用に割くのはルール違反だが、昼休みや外出の移動時間といった隙間時間を賢く利用することは問題ないだろう。ちょっとした調べ物や手続きなどは、スマホなどでさっと済ませてしまうのが効率的だ。

公私混同という言葉はとかくネガティブな印象を受けがちだが、時間のやりくりにおいては、むしろ意図的に分ける意味がない。スケジュール管理のしかたは、昔ながらの手帳派、デジタルアプリ派と、それぞれだろうが、いずれにしても文字の色を変える程度で、なるべく一度に見られるようにしておくといい。

## やる気と集中力を高めるには、時間のラベリングが効く

現代人にはすっかり欠かせないアイテムとなったスマホだが、便利な反面、さまざまな弊害もある。闇バイトや詐欺メールといった犯罪に巻き込まれる要因にもなるし、ゲームやSNSに起因する依存症も大きな社会問題だ。

自分はそういうこととは無縁だと思い込んでいる人でも、スマホと上手な距離感を保てているかといえば、案外そうでもない。

気がつくとスマホを手に取り、ニュースやSNSをチェックし、だらだらと動画を眺める。依存症とはいかないまでも、24時間のうちかなりムダな時間をスマホに費やしているのではないだろうか。

これが子ども相手なら「スマホをいじるなら時間を決めなさい」と注意するところだが、その言葉はそのまま大人にも当てはまる。スマホに限らず、1日の時間を区切ってその中身をラベリングすることで、ムダをなくすことができるのだ。

仕事の時間、趣味の時間、買い物の時間、掃除の時間、ゲームの時間、体を休める時間など、自分の1日に必要な行動を割り当てれば、スケジュールはおのずと決まる。大事なのは、その時間はそのことだけに集中し、くれぐれもほかのことに気を移さないことだ。

教育現場で取り入れられている「朝の10分間読書」や、片づけが苦手な人に推奨される「毎日、場所を決めて10分間だけ掃除する」テクニックなども、これと同じ効果がある。それに時間をラベリングすることで、おのずとやる気と集中力も高まるので一石二鳥だ。

もちろん、毎日同じスケジュールでなくてもいいが、ある程度行動をパターン化することで、よりよいルーティンができることもある。そうなれば、時間に振り回されることもなく、むしろ意図的に時間を支配できるようになれるだろう。

## 「時間給」に換算することには、実は意味がない

国内にとどまらず、世界で活躍するアスリートが増えている。たとえば野球ひとつ例にとっても、海を渡り本場アメリカのＭＬＢで躍動する日本人選手の姿は、今となっては珍しいものではない。

その雄姿を日本の国民は楽しみに観ているわけだが、一方で彼らが手にする夢のような報酬にも興味は尽きない。メジャーリーガーともなれば、どの選手も庶民ではなかなか手が届かないような年俸で契約している。

そのため週刊誌などでは、「1球投げるだけで50万円」とか「1打席に換算するなら３００万円」などと、その数字がいかにケタ違いなものかはじき出していたりする。

もちろん、投手なら勝敗がついたか、打者なら打率や出塁率、打点、ホームランの数など、その先にはさらなる細かな成績が待っているわけで、いずれにせよ、ア

スリートの年俸がいわゆる「出来高」であることは間違いない。

だが、一般庶民ではまだまだその考え方は浸透しない。

たとえば、1か月の給料が200万円などと聞けば、つい「時給にしたら○○円か。うらやましいな」などと言う人がいるが、この考え方は感心しない。

仕事と時間は切り離せない関係ではあるが、当然ながら時間をかければ必ずしもいい成果が出るとは限らない。1時間いくらの時給換算は、その理想とはむしろ対極的な発想である。たとえ時給に換算したら1万円の年収でも、その1時間で何も仕事が進んでいなかったらその人はデキる人とは言い難い。

仕事について考えるときは、時間よりも出来高に基準を置くべきだ。野球選手なら投球や打席も数字化されているので計算しやすいが、ノルマなどがない職種のビジネスパーソンの仕事は、とかく数字に置き換えにくい。だから、個々のプロジェクトなど成果をひとまとめで考える必要がある。

あえて「時間給」は脇に置き、出来高をイメージして行動するからこそうまくいくのである。

## 合理的に考える人は、時間をおカネで買っている

物価ばかり上がって賃金が上がらない。そこへきてのパンデミックと、不景気ムードからなかなか抜け出せない日本。誰しもがおのずと節約志向になってしまうのも致し方ないことだ。

だが、大事なおカネだからこそ、使いどころでは賢く使いたい。昔から日本人はモノとして手元に残るものに価値を置きがちだが、現代はそうではないものに価値を置く時代でもある。

たとえば、時間もそのひとつだ。

最近では、テレビ番組を自分の好きなタイミングで視聴するための有料の動画サイトが人気だ。これを利用することで、決められた時間にテレビの前に座る必要はなくなる。時間をおカネで買っている身近な例のひとつだろう。

また、人気のテーマパークでは、かつてアトラクションを楽しむのに早い者勝ち

の優先パスのようなものがあったが、今はそれを廃止して、並ばずに利用できる有料のパスに切り替えた。

通常ならじっと並んでいるしかないが、有料パスにすればその時間でほかのことができる。これも時間をおカネで買うことになる。

新幹線のグリーン車、飛行機のビジネスクラスなどもこれと同様のケースだ。特別な料金を支払うことで、ゆったりした座席や優先搭乗などのサービスを受けて、貴重な時間を確保できるのである。

財産のあるなしにかかわらず、できる人はここぞという場面でこうしたおカネを出すことを惜しまない。その時間に生産性を持たせることが、どれだけ自分にプラスになるかわかっているからだ。

高速道路代をケチって下道で時間を費やして大事な約束に遅れたら、そこで失う信頼はおカネでは取り戻せない。

ただ節約一辺倒になるのではなく、おカネについて考える時は、そこで消費する時間もセットで考えるようにしたい。

## 「終わりの時間」を決めないで始めると、なぜ失敗するのか

このグローバル時代に海外で働く日本人も増えたが、逆に日本の企業に就職して日本で働く外国人も急増している。

仕事とはいえ、どちらの場合もやはり習慣や文化の違いにストレスを感じることはあるだろう。それでも、相互理解のもと価値観をすり合わせ、円滑な職場環境を構築しながらやるしかない。

そんななか、日本で働く外国人にとっては、どうしても割り切ることができない大きな不満があるようだ。それは「終わり時間のルーズさ」である。

日本人は会議やミーティングのスタート時間は、遅刻を許さず、厳守するようにうるさく言うくせに、終わりの時間はけっして守らない。1時間と言いながら、だらだらと長引かせ、20分でも30分でも平気でオーバーする。

終業時間にしても定時で退社する人はほとんどおらず、上司が退社してやっと部

下が帰り支度を始める。「日本人は時間に正確なはずなのに…」「意味もなく会議を長引かせたり、残業させたりするのは、その人の時間を奪っているのでは？」というのが、彼らの偽らざる本音なのだ。

これに関しては、圧倒的に彼らの指摘が正しい。日本社会にあっては、まだまだ時間をかけることがいいことだと刷り込まれている層が一定数いる。

そうした旧人類にならないためにも、個々のスケジュール管理には必ず終わりの時間を記載するように心がけるようにしたい。たとえば、ミーティングにしても「11時〜」とするのではなく、「11時〜11時30分」としっかり終わる時間の目標を定めておくのだ。

内容によっては話し合いが難航し、やむを得ず長引くこともあるだろうが、あらかじめ終わる時間を決めておくことで、その時間内で終わらせようという意識が働き、自然と集中力も高まる。

ムダな時間はなくなるうえに、ミーティングの中身も充実する。きちんと終わりの時間を設定することはメリットしかないのである。

## To Doリストをハイスピードで処理するための手順とは？

その日やるべきことをメモに書き出すことから1日をスタートするのは、きわめて効率的なやり方だ。どんなに記憶力のいい人でも、やることがいくつも重なったら必ず抜けが出てくる。仕事でも家事でも、この「To Doリスト」の作成はサボらずに行うようにしたい。

ただ、ここで問題になるのはどの順番で手をつけるかということだ。リストの中身が少なければ何も考えずに上からこなしていけばいいが、あまりにも多いとそれだけで途方に暮れてしまう。

窓口が閉まるとか、取引先のアポイントが決まっているとか、物理的に時間が決まっているものはスケジュールがおのずと決まるが、そうでないものはどのようにして優先度をつけるべきなのか迷ってしまうものだ。

そんな時は、完了までの時間が短い、あるいは頭を使わずにできるものから手をつけると合理的である。

数分で終わるネットでの振り込み、学校で使う子どもの文房具の買い出し、ひたすらコピペで済む資料作りなど、まずはその条件に当てはまるものを片っ端から処理していこう。

そうすると、ちょっと時間のかかるもの、あるいは頭を使うものが残るはずだ。つまり、細かいものからさっさと片づけて、それから負担の大きいものにじっくり手をつければいいのである。

逆に、負担の大きいものから先に手をつけると、それが終わらない限り前には進めなくなるため、細かいタスクが完了せずに持ち越しになってしまう。それよりは、簡単に済ませられるものはどんどん終わらせて、ある程度スッキリした状態で手がかかる案件と向き合うほうがモチベーションを維持しやすい。

人間には、長距離走のラストスパートで最後のひとがんばりができるような「目標勾配」という心理効果もある。つまり、ゴールが見えていることで「これさえ終われば」と思わぬ底力を発揮できるのだ。

## 突破口が見つからない時は考えるな、寝かせろ

クリエイティブな職業は、その人の頭の中にあるアイデアこそが最大の武器だ。デザイナーやミュージシャンなど、いわゆるクリエイターと呼ばれる人たちは、次から次へと湯水のごとくアイデアが湧いてきて、世間をあっと驚かせているように思えるが、その陰にはもちろん生みの苦しみとの戦いがある。

時間を気にせずにひらめきが降りてくるまで待てるならいいが、締め切りが決められている場合はそうはいかない。クリエイターでなくても、開発や企画担当など、仕事でアイデアを出す機会がある人は身に覚えがあるだろう。

仮に2週間という期限が与えられていたら、その2週間は寝ても覚めてもそのことが頭から離れず落ち着かない。かといってこれはと思うようなアイデアは思いつかず、ただただ気持ちは焦るばかり…。

こういう時は、いっそ締め切りまで待ってみるのもひとつの手段だ。

たまに人気のアーティストが大ヒット曲の制作秘話を聞かれ、締め切りの前日に急にひらめいて10分で作った…などというエピソードを語っていたりするが、それはその人の才能であると同時に、火事場の馬鹿力的な効果も確実にある。

時間をかけたからといっていいアイデアが浮かぶとは限らない。むしろ、ひたすら同じ思考が堂々巡りするだけで、発想が凝り固まってしまうデメリットもある。それよりも、切羽詰まった状況で一発勝負で捻り出したほうが案外いいものが浮かんだりするのだ。

ただ、完全に放置するのも不安だという人は、その日までに目についた気になることをメモしておくことをおすすめする。これはいいと思ったモノ、興味を持ったモノ、不思議に思ったことなど、生活や仕事の中で自分が気になったことをまとめておくだけでいい。

一見、まったく関連がないようなものでも、意外なところにヒントは落ちている。仮に実を結ばなくても、興味を持ったことにアンテナを立てておくことは、クリエイティブな思考をするうえでのアイドリングになるはずだ。

## 「ブランチ」の時間の活用がもたらす意外なメリット

ＳＮＳをやっている人ならわかるだろうが、夜中に思いつきで投稿する行為は危険だ。有名人の炎上案件も、だいたい夜中に上げられたものである。

酒が理由の場合もあるし、眠気のせいもあるだろう。だが、それよりも、夜は思考が極端に狭まる傾向があるのが大きな理由ではないだろうか。だから、投稿を読んだ人がどう思うかまで想像が及ばず、問題のある内容を躊躇なくアップしてしまうのである。

ＳＮＳをやっていないという人も、若い時のことを思い出してほしい。ヘタな曲を作ったりポエムを思いついたりするのは、決まって夜中だったに違いない。誰もまわりにいない孤独な時間と空間は、自分の内面と向き合いすぎて昼間とは違う思考になるのである。

その点、眠りから覚めた朝は脳がリフレッシュされた状態だ。ビジネスでも朝活が一般化したように、朝の活動はメリットしかない。

これは夜に陥りがちな狭い思考に反して、スッキリした頭で多角的なモノの見方ができることが大きな理由である。目覚めてすぐの状態は、思考もフラットになりやすいのだ。

ところで、早起きをして仕事をしてから朝食を摂るという人も多いだろうが、この朝食を少し後ろにずらすというアイデアもある。

朝は食べたほうが健康にはもちろんいいだろうが、モノを口に入れることで眠くなったり集中できなくなる体質の人もいたりする。それが理由でふだんから朝食を摂らないという人もいるくらいだ。

そういう場合は、朝食と昼食を一緒にした「ブランチ」として10時30分頃に摂るのもひとつの手だ。

そうすれば、おのずと朝活の時間も長くなって仕事もはかどる。昔の日本人は1日2食だったというから、古人にならって原点回帰するのも悪くないかもしれない。

## ウイークポイントの克服に時間を使うことの損得勘定

学生時代は苦手な教科があると、そこを重点的に勉強していかに弱点を減らすか必死になったものだ。なぜなら、苦手科目を克服すれば確実に成績が上がるからだ。

だが、社会に出れば、トータル的なバランスを持っている人以上に、何かひとつ優れた特性を持っている人のほうが、キラリと光るものだ。「できる」「使える」という評価につながりやすい。

たとえば、とりたてて弱点はないが、リーダーシップが備わっていない人が無理やりに人をまとめる立場に置かれたらどうなるか。そのストレスで肝心の成績も振るわなくなる恐れもあるのだ。

人には向き不向きがあって当たり前。だから、ウイークポイントを克服するために時間を使うのは、忙しい社会人にとって時間のムダにさえなってしまうのである。

たしかに苦手なことから避けているのは格好のいいことではない。場合によっては、マイナス査定になりかねないことでもある。

だが、苦手なことが自分でわかっているのに「できる」と見栄を張って引き受ければ、人の倍も時間がかかったりする。しかも、それで成果が出なければ、自分もまわりも誰ひとりとして得もしない。

どれだけ時間をかけたところで、限られた時間のなかで苦手な分野はなかなか得意にはならない。そうであれば、さっさと見切りをつけて適性を伸ばしていくほうがよほど効率的だ。

やれるべきところでしっかり自信がつけば、苦手な分野がコンプレックスにならない。仮にそういう状況におかれても、「それは苦手なんで」と断ることにも躊躇がなくなる。

時間を有意義に使うなら、苦手なものへのこだわりを捨て、自分の〝決め球〟で勝負することだ。

## 「うっかり」「二度手間」を避けるために、今すぐできること

家事や育児、仕事、学校など、現代人はいつも時間に追われている。すでに共働きは当たり前になり、子育てを取り巻く環境も複雑さを増す一方だ。おのずと事務手続きをはじめとした作業量の多さに辟易させられている人も多いだろう。

そんな一人何役もこなさなければならない人にとって何としても避けたいのが、「うっかり」と「二度手間」だ。

たとえば、ついうっかりして約束の期限を過ぎてしまったら、その旨を連絡したり、再び作業をさせてもらうように頼んだりと余計な手間がかかる。ただでさえ時間がないなかで、これではほかのスケジュールにも影響が出てくる。

ただ幸いなことに、これらはちょっとした工夫で未然に防ぐことができる。ToDoリストを作ったら常に「見える化」しておくことだ。

パソコンやスマホでのスケジュール管理は、予定の共有やリマインド機能などが

便利ではあるが、常に目に触れているわけではない。では手帳ならどうかというと、これもページを開かない限りチェックできない。ＴｏＤｏリストは、物理的に見えるところに掲示しておくのが一番なのだ。

たとえば、キッチンに立つ時間が長ければ冷蔵庫にホワイトボードを貼りつけたり、仕事用のデスクがあればメモ・スタンドに立てておく。あるいは玄関ドアの内側にマグネットで貼っておくなど、動線の中で一番目につく場所を考えてみよう。仕事関係ならオフィスに、家のことなら自宅に掲示しておくのがベストだ。

ちなみに、メモ帳や裏紙などでも十分役目を果たせるが、１００円ショップなどに行けば、マグネットタイプのホワイトボードやふせんになっているＴｏＤｏリストも売っている。使いやすいタイプのものを選ぶといいだろう。

しかし、あまりにスタイリッシュでインテリア性が高いと、いつしか周囲の景色に溶け込んでしまって結局、そこに設置した意味がなかったということになりかねない。ＴｏＤｏリストを常に意識できるようにあえて派手な色や形を選ぶのもかしこいやり方だ。

## 待ち時間こそ、スマホを触らず思考を鍛えよ

乗っている電車が止まってしまったり、病院の待合室が予想以上に混雑していたりと、トラブルは思わぬところで発生する。

いずれも忙しい人にとってはイライラしてしまいがちなシチュエーションだが、こういう時間は思考鍛錬のチャンスだととらえて、目に入った光景について考えてみる時間にしてみてはどうだろうか。

たとえば、ふと窓の外を見てみたら新製品の広告が目に入ったとしよう。あのデザインは何から生まれた？　新製品のコンセプトは？　旧モデルと比べて変わった点は？　メインターゲットは？　どんな経緯から誕生した？　どんな使い方をイメージしている？　山で使ったら？　海で使ったら？　若い女性が使った場合は？　中学生の子どものいる父親が使ったら？　…などと、とにかく思いつく限りの質問を自分に浴びせかけて答えを探していくのだ。

ポイントはスマホの検索に頼ったりせず、とにかく頭だけで考えること。自分の考えが当たっているか、正解かどうかはどうでもよくて、ひたすら考えることが目的だからだ。

最初はそれほど自分を質問攻めにできなくても、慣れてくればしだいに考えることに没頭するようになる。そうなれば、退屈な待ち時間があっという間に過ぎるようになり、さらには柔軟性を鍛えることにもなる。イライラを抑えることもできて、一石三鳥である。

また、そこにいる見知らぬ人ひとりにフォーカスして、あれこれ勝手に想像してみるのもいい。その人の職業、年齢、家族構成、趣味、特技、好きな食べ物、嫌いなテレビ番組、休日の過ごし方など、演出家や脚本家にでもなった気分で、あらゆる角度から肉づけして立体的に浮かび上がらせるのだ。

このような「どうでもいいことを一生懸命考える」という〝想像遊び〟は、物事を深く考えるロジカル思考や、幅広く見る水平思考のトレーニングにもなる。退屈な時にこそやってみてほしい。

## 作業効率が格段に上がる「段階的デジタルデトックス法」

スマートフォンは社会生活に欠かせないインフラとなり、朝起きてから寝るまで手放せないという人も多い。確かに便利な道具ではあるが、一方で生産性を著しく下げるリスクも併せ持っている。

試しにスマホを脇に置いたまま、本を読んでみよう。数ページ読んだあたりで、ピコンと通知音が鳴るのではないだろうか。

スマホの通知音が鳴ると、読書に対する集中力は確実にそがれてしまう。通知を確認して内容をチェックし、場合によってはメールのチェックやアプリを立ち上げたりしてしまい、読書に戻るまでに30分近く経過して、どこまで読んだか忘れてしまうなんていうのはよくある。

ここで思い切ってやってみたいのは、デジタルデトックスだ。読んで字のごとく、デジタル機器を排除するのである。

意志が強い人なら通知音をオフにすればいい。音が鳴らないだけで気にならないなら、それが一番簡単な方法だ。

しかし、通知が鳴らなくても、スマホのチェックがクセになっている人は多い。それならば、いっそのこと電源をオフにして、簡単にチェックできないようにするといい。画面をチェックするためにはいちいち電源を入れる必要があるので手間が増える。手間が増えれば、画面を確認したいという衝動を抑えられる確率も上がるはずだ。

それでも無理だったという人は、まず電源を落とし、鍵つきのケースなどに入れてしまうという手もある。その鍵をさらに別の場所に置けば、立ち上げるのに何重にも手間がかかるため、さすがにあきらめもつきやすい。

逆に、早くスマホのチェックをしたいという気持ちが、作業効率を上げてくれることにもなる。同じ悩みを持つ人は少なくないようで、タイマーがついたロックのかかる箱なども売られているので、興味があれば利用してみよう。

## 時間と気持ちに余裕がでる〝前倒し〟のスケジュール管理術

学生時代の宿題から始まって、大人になってからも常に追われているのが「締め切り」だ。時間をきっちり守る国民性もあり、子どもから大人まで締め切りを意識しない日はない。

時間と約束を守るという社会人としての最も大切な常識が試されるわけだが、考えるだけで憂鬱になってしまうのも事実だ。

その憂鬱さの原因のひとつが、「間に合わなかったらどうしよう」という不安だろう。実は、この不安を解消する簡単な方法がある。それは、締め切りを前倒しにすることだ。

締め切りが20日だとした場合、たとえば17日に前倒しをして作業を進めるのだ。あくまでも自分の中での締め切りなので、仮に間に合わなくても大丈夫だという心の余裕が、プレッシャーを和らげてくれる。その結果、作業もスムーズになるし、締め切り前に終えられる可能性が高くなる。

あくまでも自分の中で前倒しするだけなので特別な手順は必要ないが、前倒しの日程を決めたらそれに沿ってしっかりとスケジュールを立ててしまおう。実際の締め切りがわかっている以上、いかに自分に思い込ませるかがカギだ。そのためには、前倒しのスケジュールを目立たせることだ。

たとえば、小さなホワイトボードを用意して書き込んでおく、アプリなどのリマインダー機能を使ってこまめにスケジュールを意識させる、面白いものではスマホのロック画面にスケジュールをメモしておくなど、前倒しのスケジュールを徹底的に刷り込むのだ。

本来の締め切りはもっと後だとわかっていても、いつの間にか自分が設定した締め切りに合わせて動くことを自然と受け入れているはずだ。

締め切りのプレッシャーも軽くなったうえ、日程の余裕まで生まれてしまう。前倒しのスケジュール管理を習慣にすれば、自然と時間に余裕を生み出すことができるのである。

## やる気を生み出す「ついで」の5分とは?

物事をつい後回しにしたり、そのままあきらめてしまうことをやる気のせいにするのはけっしていいことではない。しかし「やる気」というのは、実際のところ正体不明のあいまいなものだ。

やる気が出なくてできないという弱音を吐きがちな人が心したほうがいいことは、ものごとが「やる」か「やらない」かの2択である以上、やる気が出るのを待つというのは、「やらない」への道を進んでいるのだということだ。

当然のことながら、取りかからないと結果は出せない。時間効率を意識するなら、やる気が出るまで待つ暇はないのだ。

そこで、最速でやる気を出すために効果的な方法がある。まず、5分だけやってみてほしい。気乗りがしなくても、5分と決めたスモールステップならそれほど頑張らなくても乗り越えられる。不思議なもので、5分間続けば、もう少しやろうかな、まだ物足りないなと感じることが多い。つまり、やる気が出てくるのである。

家電製品の中でエアコンが最も電気を消耗するのは、スイッチを入れた時だということはよく知られている。人間も同様で、まず第一歩を踏み出す時に最もエネルギーを使うのだ。走り出してしまえば、勢いに乗って進むのはそれほど労力を必要としない。そのまま続ければいいだけだ。

万が一、5分が限界だと感じるなら、それでやめてしまえばいい。それでも、作業時間ゼロとは雲泥の差がある。細切れの時間でも作業を進められれば大きな前進だし、5分も10回積み重ねれば50分になる。

連続で作業できないぶん効率は落ちてしまうが、細切れ時間に向いた作業を優先して進めていけばいいだろう。昼食後、コーヒーブレイクの前というようにタイミングを決めて、「ついで」の気持ちで5分のタスクと向き合うのも手だ。気楽に取りかかれるので、プレッシャーを感じにくい。

この方法は、目が回るほど忙しい時にも応用できる。5分程度の細切れ時間をうまく使えば、やる気も時間もコントロールできるのである。

## 準備の時間を減らすより、決断の時間を短縮せよ

熟慮を重ねるという行為は、慎重で堅実な印象を与える。たとえ時間がかかっても、検討を続けなければならないこともあるだろう。しかし、ここで間違えてはいけないのが、検討するのに時間がかかっても、決断にはスピード感を持つべきだということだ。

時間をかけるのは、資料を集めたり、状況を分析したり、根回しをしたりという部分で、それらを踏まえて決断するときはスピーディーに行う。それこそが、限られた時間を有効に使う術だ。

決断力があるといわれる人に共通するのは、決断そのものに時間をかけないことだが、実はそれ以前の作業は慎重かつ緻密に行われている。その処理スピードが速くかつ効率よく行われているため、ものごとの判断にかける時間が驚くほど短く感じられるのである。

これを真似ようと思っても一朝一夕にはいかないが、まず試したいのは、決断を1分以内にすることだ。判断材料が集まって、周囲とのやり取りも終えていたら、あとはそれをもって決断するだけになる。ここまできたらスピード感が命になるはずだ。

決断が遅くなればなるほど情報の鮮度は落ちていくし、周囲の情勢も変化してしまう。ようやく決断した頃には、まったく意味がなくなってしまうということにもなりかねない。

決断にかける時間が1分でも1週間でも、その良し悪しは変わらない。すでにそれまでの準備段階で結論は出ているはずだ。タイマーを使って、1分間のカウントダウンをしながらバシッと決断を下そう。

その一方で、下準備や根回しの手間を惜しんではいけない。スピード感のある決断を下すためには、時間短縮を意識し過ぎないことだ。そのメリハリを意識してこそ、本当の決断力を手に入れることができるのだ。

## モノマネと組み合わせで、時間効率とクオリティをアップ

変化の激しい世の中だから、どんなモノやサービスが人の心をつかむかなどわからない。そんななかで、アイデアを求められ続けることにストレスを感じている人も少なくないのではないだろうか。

だが、一見、新鮮に思えるアイデアや発明品も「既存のものの組み合わせから生まれている」という事実を知っていれば、仕事の時間効率もクオリティも大きく違ってくる。

たとえば、「本」と「オーディオ」を組み合わせたオーディオブック、「保育園」と「老人ホーム」が一体となった幼老複合施設も既存のものの組み合わせだし、「宅配」×「飲食店」×「インターネット」でウーバーイーツに代表されるサービスが生まれている。ブックカフェなどはいわずもがなといったところだろう。

だから、斬新なアイデアを求められたからといって、机の前で悩んで生みの苦し

みを味わうことはない。

それよりも外に出て市場調査をしたり、インターネットを検索して、どんなものがバズっているのか、世の中の人々が何に関心を寄せているのかを徹底的に研究してみるほうがいい。要は、何と何を組み合わせるか、その新鮮さとマッチングセンスのほうが大切だといえるだろう。

また、「学ぶ」の語源は「真似る」だという説があるように、一流のアーティストでも最初は自分の好きな人の作品をマネしながら技術を身につけ、やがてオリジナルを生み出していく。

だから、まずは自分がいいなと思うアイデアをマネしてみるだけでもいい。そう考えれば、アイデアの芽は無限にある。

組み合わせとモノマネに少しのオリジナルをプラスすれば、自分らしいアイデアもひねり出せるようになるはずだ。

❖コラム・時間をつくる

# 人の一生は、重き荷を負うて遠き道をゆくがごとし。いそぐべからず。不自由を常とおもへば、不足なし。

徳川家康（江戸幕府初代征夷大将軍）

「タヌキおやじ」といわれた家康の遺訓。重い荷物を背負っている時ほど人は先を急いでしまう。無意味な時間が過ぎていくばかりだと焦りを感じてしまうが、しかし、苦行を知り、その「怒り」こそがわが敵だと思い知ることが大切だ。自分の中に「欲」が出てきた時は、苦しさに耐えたころを振り返るといい。この名言には続きがあって「及ばざるは過ぎたるよりまされり」で締められている。

# 3

# 時間を使う

## 朝活でできた時間のゆとりは、その日のうちに使い切る

時間をうまく使いたい人にとって、朝活はもはや当たり前の行動になっているが、その内容を見直せばもっと有意義に時間を使うことが可能だ。

よくあるのが、始業時間より前に職場に着いて、誰にも邪魔をされずに作業を進めるというものだ。この場合大切なのは、朝活で生み出した仕事の余裕を夕方以降に生かすことである。

朝、能率よく仕事を進められるのは素晴らしいことだが、その勢いで仕事を詰め込み、こなすタスクだけが増えているようならば少し立ち止まって考えてみて欲しい。時間効率を追求する動機は人それぞれだが、ひねり出した時間を使って自分の負荷を増やすのでは本末転倒といえる。

朝活のメリットを生かして作業時間を短縮したら、それを夕方以降に還元したい。単に早めに仕事を切り上げてもいいし、友人や家族との時間に費やすのもいいだろ

う。夕方以降なら、飲食店やショッピングモールなどもまだ営業しているので、時間を使う場所に迷ってしまうほどだ。

また、朝時間をあえて仕事とかけ離れたことに費やすのも手だ。

たとえば、ジムで体を動かすのもいい。駅周辺には24時間開いているジムもある。1日のスタートに適度な運動を取り入れれば、体もほぐれて1日を気持ちよくスタートできる。

ジムが難しければ、オンラインのヨガやエクササイズもあるし、YouTubeなどの動画を見て真似るだけでもいい。

語学や資格取得の勉強、教養のインプットに時間を使うのも楽しい。朝活を意識したオンラインセミナーも多くある。オンライン英会話、YouTubeの教養動画など、手軽に利用できるので、ついあれこれ試したくなるだろう。

それぞれが、働き方や暮らし方に合わせて、自分の時間を自由に組み立てていける時代だ。効率を追求して生み出した「時間」を有意義に使うことで、人生の豊かさを何倍にもできるはずだ。

## 〝ハズレ作品〟に最後までつきあう人が知っておいていいこと

千里の道も一歩から、継続は力なりというように、あきらめずに続けることの何が悪いのかと思うかもしれないが、それこそが時間のムダを生み出してしまうこともある。

映画館に行くと仮定してみよう。多くの場合、映画1本の上映時間は1時間半から2時間程度だ。楽しみにしていた映画であれば、あっという間に過ぎてしまう時間だ。

しかし、上映が始まって30分経ってもいっこうに面白くならず、頭によぎるのは期待外れだとしたらどうだろう。それでも映画館に居続けるのは、安くないチケット代を払っているからかもしれない。

もしそんな状況になったら、潔く席を立ってしまおう。どちらにしてもチケット代は返ってこないのだから、せめて時間の浪費を防がなければならない。見続ける価値がないと感じたなら、一刻でも時間をムダにしてはいけない。引き際を間違えたら、チケット代に加えて貴重な「時間」を失ってしまうのだ。

おまけに、退屈な映画を観て時間をムダにしたことへのいら立ちが、その後も台無しにしてしまいかねない。精神的なコンディションが悪くなれば時間効率が悪くなることは明らかだ。

これは映画鑑賞に限ったことではない。本を読む、習い事をする、新しい人間関係など、違和感を覚えたら中止して引き返す勇気が必要だ。

途中でむやみに放り出すわけではない。いったんやめることで、本当に必要かを考えることができるのだ。そのうえで、再開する、ペンディングする、あきらめるなどを選べばいいのだ。

あきらめないで努力を続けることと、惰性で続けるということは、まったく違う。スパッと見切って次へ行く。それは、すべての場面で必要なスキルなのである。

## 短い時間で簡単にできる2つのリラックス法

リフレッシュが必要なときでも、思うように時間がとれないこともある。そこで、短時間で行うリラックス法をご紹介しよう。

ひとつ目は、「自律訓練法」と呼ばれる自己暗示だ。これは、1932年にドイツの精神科医シュルツによって体系化された。

まず、できるだけ静かな場所でリラックスした姿勢になる。次に「言語公式」というリラックスのための言葉を心の中で繰り返し唱える。そして、さりげない集中状態をキープする。段階を踏んでこれを行うことで、ストレスの緩和や精神統一などの結果が得られるのだ。

心の中で繰り返すのは、「気持ちが落ち着いている」「手足がポカポカ温かくなる」など、落ち着いた心身の状態をイメージさせる言葉だ。呼吸は楽にして、自分の内面に集中した状態を保つ。

最後に、手足を屈伸したり、数を数えて目を開けるといった終了動作を行うのも忘れてはいけない。脱力感や不快感を残してしまう危険があるからだ。

ふたつ目のリラックス法は、マインドフルネス瞑想の「ボディスキャン法」だ。精神集中やリラックスのために行われるマインドフルネス瞑想は、１９７９年にアメリカのマサチューセッツ大学で開発されたストレス緩和プログラムで、心理療法からビジネスの場でも用いられるほど一般的になっている。

このマインドフルネス瞑想のやり方のひとつであるボディスキャン法は、落ち着いた状態で立ち、頭の先からつま先まで順に意識していくだけという簡単なものだ。体のパーツが光に照らされるようなイメージで、各部位をゆっくりと意識していき、皮膚感覚やそこに触れる空気の感覚など、できるだけ繊細に感じとれるように集中してみよう。

違和感を覚える部位があれば呼吸とともに新鮮な空気をそこへ送り込むことをイメージする。呼吸は深く静かに行う。すると、いつしか心拍は落ち着いて、深いリラックス効果を感じられるはずだ。

## 朝のひと手間で、集中力を一気に取り戻す

自宅でできる集中法にはいろいろあるが、朝におすすめの方法が熱めのシャワーを浴びることだ。

寝起きに熱いシャワーを浴びることの一番の効果は、シャキッと目が覚めることだ。科学的に言えば、熱いシャワーで体の表面が刺激されて血管が拡張し、血液循環がよくなる。脳への血流も増加し、酸素が送り込まれることで寝ぼけた頭が一気に覚醒するのだ。

さらに、リラックス効果も見逃せない。風呂好きな日本人にとって温かいお湯に浸かることがリラックス効果を生むのは当然だが、入浴せずともシャワーのお湯で体を温めることで、疲れも軽減しリラックスできるのだ。

体を洗ったり、髪を洗う必要はない。全身にシャワーを浴びて熱いお湯で刺激を与えることを意識すればいい。

意識の覚醒と心身のリラックスが両立することは、すなわち集中力が高まることを意味している。

朝、シャワーを浴びながら、考えごとをする習慣をつけてみよう。脳が一気に働き出して、思いもよらない発想が生まれるかもしれない。

シャワーを浴びながらその日の流れを確認したり、気になっているタスクについて振り返ってみるのもいいだろう。ただ、シャワーに必要な時間は5分程度だろうから、あまり欲張ってあれこれ考えないほうが効果的だ。

仮にアイデアが生まれなかったとしても、シャキッと目覚めるだけで十分なメリットがある。アイデアが浮かべば一石二鳥くらいの軽い気持ちでいればいい。その気負いのなさがかえっていい結果を生むのだ。

シャワーを浴びる時間がなければ、少し熱めのお湯で顔を洗うだけでもいい。ホットタオルを使って、身支度しながら首に当ててみるのもおすすめだ。

## 買い物と食事の準備の時間を短縮するコンビニの使い方

コンビニは、毎日の生活に必要な品がほとんど揃っている。

しかし、コンビニが〝時短生活〟にうってつけな理由は、その便利さもさることながら「狭さ」にある。店舗面積に限りがある以上、棚に並べられた商品は売れ筋のものや新商品などの厳選されたものだけだ。その結果、商品を選ぶ時間が短くなる。

たとえば、牛乳を買おうと思ってスーパーマーケットに入ると、少なくとも10種類前後の商品から選ぶことになる。しかし、コンビニなら商品の種類はその半分以下程度だ。値段か、それとも好みか、選ぶ基準は人それぞれであっても、買い物の時間はスーパーに比べて圧倒的に短縮できるはずだ。

コンビニ利用でカットできるのは、買い物にかかる時間だけではない。主力商品のひとつであるチルド総菜や冷凍食材を使えば、調理の手間が格段に省けるのだ。

そこで、コンビニの商品を使った朝食メニューを考えてみたい。たとえば前日に、ほぐして売られているかにかまとゆで卵をつぶしてあえて、ハムと一緒にパンに挟んでおけば、お弁当にも持っていけるサンドイッチができる。

また、冷凍のほうれん草とベーコン、溶いた卵を耐熱容器に入れてレンジで加熱したり、時間に少し余裕があれば、冷凍フルーツと牛乳をミキサーにかけてスムージーをつくれる。驚くほど手軽に、洗い物も少なく、栄養満点の食事ができあがるのである。見た目も味も、時短調理とは思えない出来栄えだ。

時間が圧倒的にない時は、チルド総菜をうまく利用したい。レンジアップのハンバーグと生鮮食材のミックスリーフ、それにポテトサラダを皿に並べ、白飯と一緒に出せばレストラン顔負けのハンバーグ定食ができる。温かい味噌汁を添えたいなら、生みそタイプからフリーズドライまでバリエーションも多い。

後片づけの手間も考えると、時短効果は計り知れないものがある。ただ、スーパーに比べて少々割高になるのが難点だ。無理のないよう、上手に日常生活に取り入れてみたい。

## 「ながら動線」をつくって、手ぶらでは動かない

家の中では次から次へとやることが発生して、落ち着かないという人もいるだろう。いわゆる「名もなき家事」は、時間効率を著しく低下させている。

それを解決するひとつの方法が、「ながら動線」をつくることだ。一度立ちあがったら、タスクひとつではけっして戻らないという覚悟のもと、可能な限り同時にこなしてしまいたい。たとえば、キッチンにいる時に洗濯をしようと思って行動したとする。

キッチンから脱衣所に行く
洗面台の汚れをちょっとぬぐう
風呂場のカビに漂白剤を吹きかける
洗濯物を脱衣所から洗濯機まで運ぶ
詰め替え用の洗剤を容器に補充する

洗濯かごを脱衣所に戻す
風呂場の漂白剤を流す
キッチンに戻る
このように、洗濯に加えて洗剤の詰め替え、洗面台の掃除と風呂場のカビ取りというタスクを無理なく足すことができる。
ほかにも、洗濯を取り込むついでに植木に水をあげる、宅配便を受け取るついでに靴を片づけて掃き掃除をする、ごみ箱の袋を替えたついでに新聞紙と段ボールをまとめるなど、ついでにできる用件はどんどんまとめてしまうのだ。
つい後回しにしがちなものや、腰が重くて取りかかれないことでも、ひとつひとつは大したことではないのでやってしまえばすぐ終わる。どうせ立ち上がるなら、最大限にその労力を生かせるように工夫しよう。
動きやすい動線は、それぞれの間取りや暮らし方によって違う。日頃の行動パターンや、ついやりそびれてしまいがちなタスクをよく考えて、自分にフィットした最強の〝ながら動線〟を完成させるのである。

## リラックス効果と集中力アップには手間と費用を惜しまない

集中力を高めるには、心身ともにリラックスさせるのが早道だ。つまり、リラックスグッズは、集中力アップのためにも役に立つということになる。

できれば、ここぞという時に使えるようにとっておきのグッズを揃えておきたい。お気に入りのものを選べば、気分もよくなりリラックス効果も期待できる。手っ取り早いのは、環境を整えることだ。落ち着いた居場所に身を置くことで、リラックス効果はグッと高くなる。

まず、おすすめなのが香りだ。アロマオイル、リードディフューザー、線香、ハーブティなど、香りを楽しめるグッズはバラエティ豊富で、価格帯も手ごろなものが多い。お気に入りを探すのも楽しい作業になる。

明るさをコントロールできるものもリラックス効果が高い。テーブルランプやキャンドルなど、柔らかな光のもとだと心から落ち着くことができるはずだ。

灯りの色は白い蛍光灯色よりも、黄色やオレンジの方がいい。シーリングライトの電球も光の色を変えられるので、自分の部屋にあったものを選びたい。

インテリアにグリーンを取り入れてみるものいい。育てやすい観葉植物なら枯らしてしまうリスクも少ないし、虫が気になるなら水耕栽培のものやハイドロコーンなど、土を使わないものある。

育てる自信がないなら、フェイクグリーンもおすすめだ。かなり精巧にできているものも多いので、まるで本物の植物を置いている気分になれるだろう。

そのほかにも絵を飾ったり、壁紙を一面だけ貼り替えてみたり、窓際にクリスタルを置いて光の反射を楽しんだり、あれこれ試すのも心が浮き立つものだ。

大切なのは本当に気に入ったものを取り入れること。そこに妥協してしまうとリラックス効果が十分に発揮できない。効率良くリラックスして集中力を高めるには、手間ひまや費用を惜しんでは意味がないのだ。

## 調理から後片づけまで、食事をめぐる時間の使い方を見直す

毎日、朝食を食べる人や、家族と自分のお弁当を作る人など、忙しい朝も調理をこなしている人は多い。

栄養バランスやボリュームを考えることも重要だが、朝はそれでなくても身支度に時間がかかるし、少しでも睡眠時間を確保したい。そこでカギになるのは、前日の夕食時の段取りだ。

夕食づくりの時は、ご飯を炊いたり炒め物をしたり、調理道具を多く使うのでどうしても洗い物が多くなる。どうせなら、そのタイミングで翌朝の調理のために仕込みをしてしまいたい。

そのために役に立つのが、小さな保存容器だ。朝食用やお弁当用と考えると、朝に必要なのはそれほど大量でないことに気づく。

夕食用に作ったおかずを少し取り分けて、小さな保存容器に入れてしまえば、お

弁当に入れる1品はできあがりだ。味噌汁やスープも容器に入れて冷蔵庫にしまえばいい。

冷蔵庫の整理用のかごなどにまとめると、翌朝に引き出して温めるだけで、しっかりした朝食やバラエティ豊かなお弁当を用意することができる。

夕食と違うおかずを用意したい場合でも、同じタイミングで調理すれば労力は半減する。

頭の中はすでに調理モードになっているため、ついでに卵を茹でたり、野菜をカットしたりすることくらいなら、苦も無くできてしまうはずだ。それを保存容器に取り分けておけば、翌朝の立派な1品になる。

朝、起きてから寝ぼけた頭でイチから調理するのに比べれば、夕食を作るついでに朝食やお弁当の準備をすることがいかに効率的かわかるだろう。調理だけでなく後片づけも減らせるので、トータルの時間も減らせるのだ。

## 忙しい朝こそ、支度しながら情報インプットの時間に

「ながら」作業でよく指摘されるのは、どうしても集中力を欠いてしまうことだ。しかし時と場所を限定すれば、これほど効率のいいやり方もなかなかない。それは、出勤や登校前の朝時間における情報のインプットだ。

大切なのは、「ながら」作業を成立させるための媒体選びで、その点でいうと耳から情報をインプットできるラジオなどの音声メディアは最適だ。

朝の忙しい時間帯に身支度をスピーディーに行うためには、つい映像に見入ってしまい、手が止まってしまうテレビなどの動画ニュースはおすすめできない。アナウンサーやコメンテータが発するコメントや、タレントとのやり取りといったバラエティ色豊かな構成が視聴者を飽きさせないぶん、時間に対して情報量が少ないなどのデメリットもある。

その点、音だけなら、自宅のどこにいても聴き続けることができるので身支度な

どの作業の手は止まらない。朝食を食べながらニュースをひととおり聴くことで最新ニュースはだいたい把握できる。食事と情報のインプットが同時にできれば、文句なしの時短になる。

さらに、音声メディアのメリットは、番組のバリエーションが豊富なことだ。その日のメイン・ニュースが流れた後は、国際情勢や経済、国内政治や地方のニュースなど、時事ニュースをより深く掘下げるような番組をチョイスできる。

たとえば、radikoのタイムフリー機能を使えば、過去のラジオ番組を聴くことができるし、VoicyやPodcastなどでもさまざまなコンテンツを再生できる。

これを利用して、通勤・通学途中の電車の中や、買い物に行く途中の車の中で、よりコアな情報も収集できる。音楽やスマホのゲームで暇をつぶしていた時間で、収集できる情報がよりグレードアップされるのだ。

時短というと、毎日のルーティンになっている作業をどれだけ圧縮して時間を節約するかということに力点を置いてしまいがちだ。だが、遊んでいる時間を探し出してそれを有効に使えば、より内容の濃い情報が得られるのである。

## 短時間で部屋をスッキリ見せる整理整頓の裏ワザ

特に散らかしたつもりはないのに、なんとなくモノが散乱して部屋がごちゃごちゃしている。休日にまとめて掃除をしても、気づけばまた元の木阿弥。そのうち、たまの掃除もおろそかになり、気づけばゴミ部屋へ一直線…。

特にきれい好きでもなく、自分さえよければいいという一人暮らしの人なら、大なり小なりこのようなパターンではないだろうか。

掃除がおっくうになるほど散らかってしまうと、もはやどこから手をつければいいかわからなくなる。掃除が苦手だという人の大半は、効率のいいやり方を知らないだけなのだ。

そこで、最短の時間で部屋をきれいに見せるコツを伝授しよう。

ポイントは同じくらいの大きさのものをまとめていくことである。たとえば新聞サイズのものなら、雑誌だろうがカタログだろうが封筒だろうが、どんどん重ねていく。買ってきた食糧も、大と小のサイズで分けて空き箱に詰めていくのだ。

スマホの充電器やイヤホンはこまごましていて失くしやすいので、チャックつきの透明な袋にでもまとめて入れておけばいい。服は同じ形のものでまとめ、端からハンガーにかけていくのだ。

肝心なのは、どれも、きっちりでなくていい。あくまでざっくりでいいのだ。部屋が散らかっているように見えるのは、だいたいモノが無秩序に散乱しているのが理由だ。だから、ある程度同じサイズのものでまとめるだけで、スッキリと整理された印象になる。

急な来客がある時などは、このやり方が手っ取り早い。短い時間でなんとなく部屋がきれいになり、何とか格好がつくはずだ。

あとは、客が帰ったあとにそれぞれまとめたものを再点検して、不要なものを捨てたり、所定の場所にしまったりすればいい。

もしそれができなくても、同じ大きさでまとめておくクセをつけておけば、あとから探し物をする時も、サイズ別で探せるからさほど時間もかからない。

## 料理の手順に慣れると、マルチタスクが得意になる

さまざまな作業を同時にこなしていく、いわゆるマルチタスクがどうも苦手だという人は多いのではないだろうか。

どんな仕事であれ、たとえ雑用であれ、複数の作業を切り替えながらこなしていくスキルはある程度必要だ。ひとつ終わらないと次に進めないようでは、時間的にもロスが多すぎて1日24時間ではとても足りなくなってしまう。

もし、その能力をアップさせたいと考えているなら、ぜひ料理を趣味にすることをおすすめしたい。というのも、料理上手になると時間のやりくりも自然とうまくなるからだ。

料理にもっとも大事なことは「段取り」である。たとえばカレーを作るときに、真っ先にカレールーの箱を開封しようとするようでは、段取り上手とはいえない。

まずは箱に書かれている作り方をざっと読みこむ。そのうえで、すべての材料と

道具を用意し、何を先にすべきかを考える。

具材を切るときでも、何も考えずに肉から手をつけると、汚れた包丁とまな板をいちいち洗わなければならなくなる。だが野菜、肉の順で切れば、洗わなくてもそのままスムーズに作業できる。

その合間に鍋に油をひいて温める準備をしておけば、時間はより効率的に使える。もちろん、炊飯器の準備はとっくに済ませておかなくてはならないし、さらに汚れた道具は、使うたびにできるだけ洗っておけば後片づけも楽になる。

もうおわかりだろうが、料理とは究極のマルチタスクだ。日々の献立となれば、メイン料理以外にもサラダや副菜、汁物とメニューも増えて、いっそう段取り力が求められてくる。

慣れた人なら台所に立った時点ですぐさま段取りをシミュレーションし、逆算しながら時間を上手に使うことができる。この能力が身につくと、仕事での時間の使い方もうまくなるはずだ。

## 意識的に「ムダな時間」をつくることがもたらす心理効果

効率よく暮らそう、ムダな時間を省こう——。そんなことを四六時中考え続けていたら疲れてしまう。効率のいい暮らしは自分のためになるのだが、息苦しくなっては元も子もなくなる。

たまには思い切ってだらだらとしたり、ムダに感じる時間を過ごしたりするのもいいものだ。時短意識が高くなっているほど、背徳感や罪悪感を覚えるかもしれないが、そんな必要は一切ない。

毎日のタスクを整理して1時間分の時短を実現しているとしよう。そのうちの15分程度でもいいから、効率を度外視して自分のために使うのだ。

SNSの趣味アカウントを眺めたり、ネットショップをチェックしたり、短時間でも楽しむことはできる。少しでも息を抜ける時間をつくることが、ストレスを解消して生活の質を高める結果を生む。

あるいは1か月に1日はひたすら映画を見ながらソファーでゴロゴロする、時間がかかる料理にあえて挑戦する、友だちと外食して積もる話で盛り上がるなど、ふだんならできない時間の使い方をしてみよう。時間効率よりも満足感を重視した過ごし方をするのである。

知らず知らずのうちにストレスをためてしまうと、集中力が低下して処理スピードも落ちるばかりか、判断力も鈍ってしまう。効率よくタスクをさばいていくためには、心身ともに健康でストレスのない状態がベストなのだ。

仮にストレスなどないという人も、時には意識してリラックスタイムを持ちたい。それがさらに効率のいい生活の糧になると考えれば、意義あるものになるはずだ。

ギリギリまで引っ張って張り詰めたゴムは、いつか伸び切って切れてしまう。そうなる前に、適度にプレッシャーを緩めながらメリハリのある生活を楽しんでいきたい。

## 最高のパフォーマンスのためには、「楽しむ」より「休む」

起死回生のアイデアがひらめいたり、思いもよらない突破口に気づくのは、頭をひねって考え込んでいる時ばかりではない。むしろ、入浴中にぼんやりしていたり、買い物の最中や友人や家族と話しているなど、まったく関係ないことをしているタイミングにも起きる。

インターネットによって世界中の情報に瞬時にアクセスできる社会は、効率的で便利な一方で、インプットする情報量が多くなりすぎてしまう危険性もある。ＡＩならそれを右から左にさばいていけるのだが、人間の脳はあまりに緊張状態や興奮状態が続くと、うまく情報処理ができなくなる。

必要な時に休息をとって、心身のコンディションをベストな状態にしておくことが重要なのだ。

ただし、その取り方にも工夫をしてみたい。疲れたら休むというスタイルだと、熱中するあまりに休息することを忘れてしまいかねない。そこで、スケジュールの中に、あらかじめリラックスのための時間を割り振っておこう。強制的に休息をとることで疲労が蓄積するのを防ぐのだ。

休息の内容も、よりリラックス効果を追求できるようなものがいい。照明を少し落として静かな音楽を聴く、好きなスイーツを食べる、温かい飲み物を飲む、アロマオイルなどで好きな香りに包まれる、公園を散歩する、ペットと触れ合うなど、自分が一番リラックスできると感じる過ごし方を探してみてほしい。

ただし、忙しく働き続ける脳を休ませるため、スマホでゲームやＳＮＳで時間をつぶすというのは避けたい。楽しい時間を過ごすことと、リラックスすることはイコールではない。大切なのは、落ち着いた状態で休むことだ。

作業中によけいなことをする暇はないと感じるかもしれないが、心身の状態をベストにすることでミスも少なくなるし、処理をするスピードも落ちない。最高のパフォーマンスを保つことができれば、結果的には作業時間を短縮できるし、完成度も高められる。

## 「探す時間」を一気に減らせるモノの置き方

キッチンの調理台やシンク、カウンターの上がつい散らかってしまうという人も多い。よく使う調味料や調理道具、食べている途中の食パンや房で買ったバナナ、いただきもののお菓子など、家庭によって散らかり方はさまざまだ。

見た目がよくないのはもちろんだが、散らかっているほど作業効率は落ちる。たとえば、大きめのキャベツやダイコンなどをカットしようとしたら、調理台の上にある程度の大きさのスペースを確保する必要がある。

そのためには置いてある調理道具をよけて、調味料も一時ほかの場所に置かなければいけない。もしくは、小さなスペースで作業しなければならないのでやりにくいうえに効率が悪い。

その点、最初から調理台の上に何もなければ、すぐに作業に取りかかれる。大きな野菜も自由にカットできるし、ボウルを出してそれを入れておくこともできる。

圧倒的にやりやすいことは明らかだろう。

そこで、狭いキッチンであればあるほど、なるべく調理台にものを置かないように工夫をしたい。

おすすめの方法は、吊るすことだ。100円ショップなどでも売られている換気扇フード用のフックや強力マグネットフックを使えば、お玉やフライ返しなどを吊るして保管することができる。吊るすことで常に視界に入るので手に取る回数も増えるし、引き出しなどから出す必要もない。利用頻度も上がるだろう。

調理器具が日々出しっぱなしになる場合、そもそも所有量が多すぎるという可能性もある。改めて持っている調理道具をチェックして用途がかぶっていないか、使用頻度はどうか、よく考えてみたい。

ラップやホイルの類が出しっぱなしになりがちな人は、これも100円ショップで売っている詰め替え容器を利用してみよう。サイズをそろえるだけでスペースの節約になるし、見た目もすっきりするので気持ちがいい。基本は、なにも置かないのが一番だ。

## 選ぶのに時間がかかるなら、選択肢を減らす

おしゃれは足元からというが、靴を履くときに欠かせない靴下選びは意外とむずかしい。

しかし時短という点から見ると、目から鱗が落ちるような方法がある。それは、左右差のない靴下を複数持っておくことだ。

まず利点だが、探さなくてすむことだ。左右の差がなくて同じ靴下なら、左右が入れ替わっても、ペアが変わってもまったく問題にならない。探す手間が省けるので、家事や身支度の時間を減らしてくれる。

しかも服選びの時間も短縮できるし、コーディネートに悩むことも減るはずだ。さすがにいつも同じ靴下ではつまらないので、色違いで何組か持っておくのもいいだろう。

なぜか片方だけ無くなってしまいがちなのも靴下の宿命だ。もし片方が行方不明

になったとしても、左右の差がない同じ靴下なら片方だけになった靴下もローテーションに組み込むことができる。

　これは左右セットで同じものを身に着けるという靴下の性質を利用したライフハックだ。左右が入れ替わっても穿けるタイプなら、同じところが靴に当たって擦り切れるリスクも減るので長持ちしやすくもなる。

　効率化を図る際に意識したいのは、何に時間がかかっているかを分析し、ボトルネックを解消することだ。選ぶことに時間がかかるなら選択肢を狭めてしまえばいいし、探すのに時間がかかるなら探さなくても解決するシステムにしてしまえばいい。

　かのスティーブ・ジョブズがいつも同じ組み合わせの服を着ていたのは、日常生活における〝決定回数〟を少しでも少なくするためだという逸話は有名だが、効率を追い求めた天才が選んだやり方なら取り入れる価値はあるはずだ。

## 「クローゼット」に入れるかどうかは、時間効率で考える

毎年季節が変わるタイミングで直面するのが、「着る服がない」問題だ。クローゼットの中は服であふれているのに、なぜか着る服がないのだ。

こうなると、朝、服を選ぶために時間がかかってしまうし、結局納得がいかないコーディネートで出かけるという事態に陥る。

この状況を一変させる方法が、クローゼットにはすぐに着たい服だけを置くという方法だ。〝一軍の服〟だけを厳選して置くことで、今着たいコーディネートがすぐに見つかるのだ。

現在のクローゼットをよく見てみると、単なる惰性で収納しているものが意外と多いことに気づくのではないだろうか。若い時から持っている高価な服や、流行っている時に買ったけれどもう着ない服など、何年も袖を通していないものを見つけることができる。それらを思い切って処分してしまうのだ。

クローゼットに残すのは流行や年齢、体形に合わせた着たい服だけでいい。着る予定のない服は寄付したり、高価な服はメルカリなどで売ってもいいだろう。思い出があり過ぎてどうしても手放せないものは、クローゼットに置く必要はない。圧縮袋などにまとめたうえで、押し入れや棚の上の方など、目に見えない場所に収納してしまうのだ。

服を整理してすっきりしたクローゼットを見回してみれば、コーディネートのアイデアがいくつも思いつくはずだ。

服はあり過ぎるよりも、本当に気に入ったものを厳選して持っているほうが有効に使うことができる。

スタイリストを職業にしているわけでもない限り、服が多すぎると選べないのは当たり前だ。適量を持ってこそ、そのものを生かすことができるのだと覚えておきたい。

## 時間感覚は、気の持ちようで、ここまで変わる

1年は365日、1日は24時間でも、体感としてすべての人が同じ時間感覚で過ごしているわけではない。

自分のことを考えても、休日の体感が年齢とともに変化していることに気づく。朝から友だちと遊んだり、マンガを読んだり、時々宿題をやったりと、てんこ盛りの予定をこなした小学生の頃の日曜日は、仕事で疲れて体力の回復もままならなくなった現在の休日の何倍も長かったのではないだろうか。

つまり、今も昔も、日曜日は24時間であることは変わらないのに、時間感覚がまったく違ってしまっているのだ。

その原因のひとつは、小さな子どもにとって毎日は新しいことや慣れないことばかりだということだ。驚きや発見の連続で、感情も目まぐるしく変わる。一方、成長するにつれて経験も増え、惰性で過ごす時間も増えてしまう。

たとえば10分間かかる道のりを歩くなら、子どもはあちこちきょろきょろしながら虫を探したり、地面の石ころに見とれたり、車のエンジン音に驚いたり、友だちを見つけて走ったりと〝イベント〟が盛りだくさんだ。

それが大人に成長すると、ただ前を向いて歩くだろうし、イヤホンをして周りの音を遮断してしまうことも多い。同じ10分間で得るものは、子どもの方が圧倒的に多いのである。

子どもの頃のように楽しい休日を思う存分過ごしたいなら、未知のこと、苦手なこと、感性を揺り動かすようなことにどんどんチャレンジしたほうがいい。

大人であっても1人の人間が知り得たことは宇宙の中のチリにもならないちっぽけなものだし、無意識に避けてきたこともあるはずだ。新しいことにチャレンジを続けるうちに、休日は充実してくるはずだ。

❖コラム・時間を使う

# 一日一字を記さば、一年にして三百六十字を得、一夜一時を怠らば、百歳の間三万六千時を失う。

吉田松陰（幕末の長州藩士、明治維新の指導者）

1日24時間は、どんな人にも平等に与えられている。その貴重な時間を活かすも殺すも本人しだいだが、多くの人が掛け声倒れに終わることが多い。年頭の「今年こそは〜」を筆頭に、毎日30分を自分の勉強にあてようと計画しても、たいがいは三日坊主に終わる。そこで吉田松陰は、日々の小さな積み重ねがいかに大切かを説いた。これならば計画することもなく、すぐに実行に移せる。行動の意思をコントロールするコツは、目に見える小さな目標を、毎日、継続できることに尽きる。継続は力なりである。

# 4

# 時間を共有する

## キーパーソンに会う日にやってはいけないスケジュールとは?

運営や進行に大きな影響力を持つキーパーソンとうまくコミュニケーションを取ることができれば、仕事はとてもやりやすいものになる。

一般的に決定権を持つ管理職がキーパーソンだと思われがちだが、そうとも限らない。集団の中では課長や部長といったリーダーの肩書を持つ人でなくても、影響力がある人がいる。そして、そのひとりの大きな声に集団が流されることは珍しいことではない。

ほぼ決まりかけていたことでも、その大きな声の主が投げかけた疑問によって決定事項の方向性が変わることもある。役職にはついていないが上司からも一目置かれている、こういう人物こそじつは陰のキーパーソンだといえる。

このような人物と会うチャンスが訪れたら、事前にその人物のニーズを把握しておくことはもちろん、これまでの仕事のバックグラウンドなどの情報を集め、アプローチ方法を考えておきたい。

また、案件に関するデータや情報をできる限り集めて、どんな角度から鋭い〝つっこみ〟がきてても具体的な受け答えができるようにする必要もある。

ただ単にキーパーソンと親しくなるのが目的なのではなく、逆に主導権を握って相手を協力者として巻き込んでいくのだ。

そして、アポが取れたらその日はその後の予定をいっさい入れず、できるだけフリーな状態にしておくこともポイントだ。

キーパーソンは組織内での自分の立ち位置を自認しているので、それなりにプライドも感じている。そのため、あなたに対して最大限配慮しているという態度を示しておきたい。相手が話したがっている時に、次のスケジュールが気になって上の空になるのは致命傷になりかねないからだ。

時間をかけて思いを共有し、最後は相手に結論を下させる。ゲームメーカーとして真っ向勝負で臨むことで最短距離を歩めるのだ。

## メールより手紙のひと手間が、距離を縮めるきっかけになる

年末年始になると、年賀状の販売枚数が年々減っているという話題を耳にする。メールやチャットで気軽に交流できるようになり、わざわざハガキを買ってきて1枚1枚書いて投函することが面倒だというのがその原因のひとつである。

たしかにチャットよりもメール、メールよりもハガキ、ハガキよりも手紙のほうが手間がかかるが、逆にそのぶん丁寧さは伝わる。それが手書きであればなおさらだろう。便利な時代だからこそ、アナログのよさが引き立つのだ。

そこで、今後も交流を続けていきたい、いい関係を築いていきたいという相手にはぜひ手紙やハガキを送ってみたい。

とはいっても、必ずしも拝啓から始まるような長々とした文章を書くことはない。せっかくの手書きの手紙であっても、その内容のほとんどが定型文だったら味気ないものになってしまう。

それよりも一筆箋などを使って短く、しかし自分らしい言葉を使いたい。短い手紙でも、あいさつ、お礼などの要件、結びが基本だ。あいさつや結びは定型であっても自分の気持ちにぴったりくるものをいくつか準備しておけば、気負わずに筆を取ることができるだろう。

思い立った時にサラッと書いて投函するならハガキのほうが便利だが、あの真っ白な空間をバランスよく文字で埋めるのは難しい。よほどのセンスの持ち主でないと殺風景になってしまうだろう。

しかし、最近は一筆箋ならぬ一筆ハガキというものがあり、名入りのオリジナルが作れるサービスもある。これなら罫線が入っているので書きやすく、バランスよく書くことができる。筆記用具は万年筆を使うことでより味のあるものになる。

デジタル配信全盛の時代にあえてレコードで新曲をリリースすることに意味が見いだされている昨今、万年筆で紙に書いた手紙にも同様の価値がある。

少しの時間と手間をかけることで、心の通った温かみのある交流を重ねることができるのだ。

## 結果につながる打ち合わせは、「時間の選び方」が違う

仕事は常に〝巻き〟で進めておいたほうがいい。特に企画書や提案書などを作成する場合は、メモ的なものでもいいから早めに作っておいて、常に内容を頭に入れて持ち歩くくらいの気持ちでいたい。

なぜなら、締め切りから逆算してスタートすると、ギリギリになって疑問や質問が出てきたり、方向性に迷ったりした時に、それを解消する時間的余裕がなくなってしまうからだ。

しかし、疑問や迷いを頭の中にインプットした状態でいれば、上司やプロジェクトのリーダーなどキーパーソンにバッタリ出会った時に時間を有効に使うことができる。

いつも忙しくてなかなかつかまらない相手の場合はなおさらである。質問できる準備さえできていれば、エレベータで乗り合わせたり、廊下で偶然会った時に立ち

話で質問できる。

こうしたチャンスに疑問を投げかけて解消しておけば、仕上げは締め切りギリギリになったとしても、方向性がブレることはない。まとまった打ち合わせの時間をつくるよりも、このように細切れの立ち話の時間を多く持ったほうが結果オーライになることはあるのだ。

また、まとまった打ち合わせの時間をつくることのデメリットもある。それは、本題の打ち合わせだけでは済まないということだ。

本題以外のつなぎの話や雑談が不要だというわけではないが、何か気の利いたことでも言わなければ、などとプレッシャーを感じたり、気まずい雰囲気になるのはできれば避けたい。それなら、短時間で切り上げなくてはならない立ち話を有効利用したほうがお互いにメリットがある。

もちろん相手やその場の状況を見極める必要があるが、失礼にならない程度に立ち話をしてみたい。

## メールチェックの時間の浪費を一瞬で解消する方法

メールが来るとお知らせしてくれる機能はたしかに便利ではあるが、その都度仕事の手を止めて確認していては仕事のパフォーマンスが確実に下がる。

集中して仕事をしたいから今はメールを見ないと決めていても、人間の意志は弱いもので、着信音が鳴るとついメールをチェックしてしまうという人もいるだろう。そして、読んでしまったからには忘れないうちに返信しておこう…となり、結局あれもこれも中途半端な状態になる。

では、お知らせ機能をオフにしておけばいいのかといえば、そう簡単なものでもない。お知らせがなければないで、もしかするとメールが来ているかもしれない、開いて確認してみたいという思いが通奏低音のように響いてしまい、それはそれで集中力が削がれてしまう。

このやっかいなメール問題を解決するには、メールチェックを一日のルーティンに組み込んでしまうことをおすすめする。朝起きて着替え、ご飯を食べ、歯磨きをして…という一連の行動のどこかにメールのチェックタイムを入れてしまうのだ。同様に昼や夜も決まったタイミングを設定しておくといい。

このように一日数回の定期チェックを習慣化しておくと、後で必ず読む、もしくは読めるという安心感からかメールのことを意識外に置くことができる。たったそれだけのことなのに、あれこれ手をつけてしまって結局、仕事がはかどらなかったという事態を防ぐことができるのだ。

さらに、メールを開けるタイミングは返信できる余裕がある時というルールも設けておきたい。返信する時間もないのに、決めておいた時間になったからといってメールを開いてしまったら、今度は「早く返信しなければ…」という焦りがまた集中の邪魔になってしまうからだ。

一人でたくさんのタスクを処理しなければならないなかで、メールチェックと返信は短期集中で終わらせたいもののひとつ。だからこそ、時間とタイミングを見誤らないようにしたい。

## 未読メールの処理に、長い時間を使うのはもったいない

長い休みなどで久々にパソコンを立ち上げると、山のようなメールが届いていることは仕事の〝あるある〟だ。

優先度の低いものや、返信する必要のないものも多く、その仕分けをするだけで時間がかかってしまうが、当然、なかには返信が必要な重要なメールも交ざっている。面倒だからといってざっくりゴミ箱に捨てるわけにもいかないし、ここは地道にひとつずつチェックする以外ない。

この時、わざわざ未読メールを古いものから開封しようとする人もいるが、それは効率が悪いやり方だ。

まず、新しいものから順にチェックしていく。

件名を見ただけで不要とわかるメールがあったら、「件名」でいったんソートをかける。すると、同じ件名で繰り返し送信している販促メールや宣伝メールもある。

同様に不要とわかるメールの送信者もソートで振り分ける。それらを一括で削除し、まずは未読メールのボリュームを一気に減らすのがコツだ。

次に個別の返信は不要だが、目を通しておいたほうがよさそうなメールはあとで読むようにする。専用フォルダを作り、いったんそこに放り込んでおこう。

確実に返信が必要なメールは、開封してすぐに目を通す。その人からのメールはそれが最新なので、その内容はちゃんと読み込んでおく必要がある。

どうも話のつじつまが合わないとか、流れがよく見えない場合は、「差出人」でソートしてひとつ前のメールを読む必要があるが、そうでなくても、念のためそれ以前に別のメールが来ていないか確認するのはいうまでもない。

少なくともその人は自分に用があってメールを送っているので、休暇中に複数回コンタクトを試みている可能性は高い。

メールボックスの整理は集中力を欠いている時に行うと、大事なメールもうっかり捨ててしまうことがある。できれば休暇明けの出社の朝いちばん、頭がスッキリ冴えている時間にこなすようにしたい。

## メールの返信待ちでイライラしないための「件名作戦」

ネットで買い物をしたり、新しいアプリを利用するたびに登録したメールアドレスに最新情報メールが届き、受信箱を開くと読みもしない未開封メールが日々蓄積しているという人も多いだろう。

自分のメーラーがそんな状態であれば、相手の状況も推して知るべし。早く返信してほしいメールを送ったとしても、自分のメールが大量の未読メールの中に埋もれてしまう可能性が大である。

確実に開いてもらうためには、まず件名に工夫が必要だ。急いで読んでもらいたいがために墨つきカッコをつけて「【緊急】ご確認ください」などの件名にするのはよくあるパターンだが、自分の都合をおしつけているように受け取られる場合もあるし、かなり多用されているので、むしろ無視されてしまうことさえある。

そこで、件名を具体的に記載することで重要なメールであることを伝えたい。さらに自分の名前を入れることで、信頼できるメールであることをアピールできる。「10月1日—○○会の出欠確認（山田太郎）」といった具合だ。

もしくは、意表を突くほどシンプルにするという手もある。広告メールの多くは墨つきカッコがついていたり、件名が長かったりするので、あえて「出欠確認」だけにすると目に留まりやすい。自分の受信ボックスをよく眺めて何が目立つ件名なのかをよく考えてみよう。ＮＧなのは、曖昧でやたらと長い件名だ。「先日お知らせした○○会の出席確認をご返信ください」などというあいまいな件名のメールで、さらに添付ファイルがついてでもいたら、迷惑メールと思われかねない。

また、本文もできるだけ簡潔に書き、返信期限もわかりやすく記載しておいたほうがいい。長々としたあいさつや説明文の後に「ご返信お待ちしております」と書いておいても、最後まで読んでもらえなかったら意味がない。

あいさつは「いつもお世話になっております。山田です」くらいにとどめておいて、すぐに本文に入る。最初に返信してほしい期限を明記し、内容が複数あれば箇条書きにする。そして最後にもう一度、返信期限を書いてお願いすると安心である。

## ビジネスメールのスムーズなやりとりに必要な「単語登録」

メールが登場した頃はビジネスで使うと失礼に当たるというような風潮があった。だがその後、よりカジュアルなチャットが登場し、現在では手紙ほどフォーマルではないが、チャットよりも丁寧というのがビジネスにおけるメールの位置づけだ。

ところで、ビジネス文書は本題以外の定型文が多い。「いつもお世話になっております」、「お忙しいところ、お時間を割いていただきましてありがとうございました」、「ご検討いただければ幸いです」、「お手数をおかけしますが、どうぞよろしくお願いいたします」…。どれもその都度入力するにはけっこうな文字数がある。

これらを毎回入力するのは面倒だ。そこで、文章を丸ごと単語登録しておくと、タイピングの負担をかなり軽減することができる。

たとえばウインドウズなら、タスクバーの文字入力アイコンを右クリックして「単語の追加」を選択すると単語の登録画面が表れる。そして、一番上の「単語」

のボックスに「いつもお世話になっております」など保存したい文章、「よみ」のボックスには「いつも」など入力する文字を入れて登録する。

ほかにも、「単語」が「よろしくお願いいたします」であれば、「よみ」のほうは「よろ」、「お手数をおかけしますが、どうぞよろしくお願いいたします」と「ご迷惑をおかけしますが、どうぞよろしくお願いいたします」のようにバリエーションがある場合は、前者は「おてよろ」、後者は「ごめよろ」などというように判別できるように登録しておくと便利だ。

そのほか、社内のメールタイトルのルールなども登録しておくといい。この場合は、「【緊急：スケジュール変更】」などのように、墨つきカッコごと登録しておくのがポイントだ。また、会社の住所やホームページのＵＲＬなども登録しておくとタイプミスが防げる。

メールの文書作成がかなり時短になる機能なので、いろいろと登録しておいて活用したい。ただし、一度にたくさんの文章を登録してしまうと、今度は「よみ」を覚えるのが大変になってくるのでほどほどに。

## 長くなりそうな話を手短に切り上げるための便利機能

話の長い人というのは、なぜか相手を自分のペースに引き込むのがうまい。こちらが急いでいようがお構いなしで延々と話を続け、相槌を打っているほうはなぜか切り上げるタイミングを失ってしまう。

そしてこのペースにはまってしまったが最後、時間をたっぷりと浪費してスケジュールを狂わせてしまうことになる。

そういうムダに話が長い人に声をかけなくてはならない時は、スマホのアラーム機能を使いたい。あらかじめ話を切り上げたい時間の1、2分前くらいにアラームが鳴るようにタイマーをセットしておくのである。

すると、どんなに切れ間なく話が続いていたとしても、会話中にアラームが鳴れば何事かと一瞬話が止まり、おのずと主導権がこちらに回ってくる。

「すみません、すっかり忘れるところでした！　次の予定が…」と慌てたフリをして、長話を振り切ってその場を離れることができるのである。

これは長電話の防止にも有効だ。延々と続く通話の途中にアラーム音が聞こえたら、それを機に「申し訳ありません。…というわけなのでよろしくお願いします」とか何とか言い訳をしながら話をまとめやすくなる。

もちろん、話し始める前に「時間がないので簡潔に用件だけ…」とあらかじめ断っておくことも忘れないようにしたい。

当然、断っておいたからといってあっさりと話を終わらせてくれる相手ではないだろうが、最初に時間がないことを伝えておけばアラームが鳴っても整合性があるので不審がられることもない。

また、話の長い人に突然バッタリ出会ってしまった時もスマホは役立つ。ある程度会話を楽しんだら、スマホをサッと取り出して時計を確認し、「あ、すみません。行かなくては。ではまた今度」と切り上げることができる。

絶え間ないおしゃべりを止めるためには、何かきっかけが必要だ。スマホを上手に活用して時間の浪費を防ぎたい。

## 伝わるトークができる人は、3分間の話をこう組み立てる

そのテーマに魅力を感じて講演を聞きに行ったのに、話にまとまりがなくてがっかりすることがある。つくづく時間がもったいないと感じてしまうものだが、では、自分が話し手になった時にきちんと伝わる話し方ができるのかといえば自信がないという人も多いだろう。

伝えたい内容は決まっているのに、どのように切り出せば興味を持ってもらえるのかと考えすぎて、余計にまとまりがなくなることもある。そこで、おすすめなのが話す内容を新聞記事スタイルで組み立てておくことだ。

新聞記事は見出し、リード、本文の3つの要素で構成されている。見出しには最重要情報が、次にリードと呼ばれる前文で内容を手短にまとめ、そして本文で詳細について触れるのが基本だ。

これと同じように、話をする時も「○○についてお話しします」と内容の主題を

最初に宣言しておくといい。それから事実を簡潔に述べ、自分の意見やエピソードなどは最後につけ加えるのである。

このように話を組み立てておけば、仮に話しているうちにまとまりがなくなったとしても、最も重要な情報は先に述べているのだから問題はない。

さらに、人が集中して話を聞けるのは3分が限度ともいわれているのだが、話の前半で必要なことをすべて伝えておけば、自分の意見やエピソードの部分でいくらでも時間の調整ができる。

また、複数のトピックがあって話が長くなりそうな時も、「見出し、リード、本文」を基本にそれぞれの話を3分くらいに組み立てておく。そうすることで、多少長くなったとしても聞き手を飽きさせることはないのだ。

聞き手の関心を集めるために、まず面白エピソードから話し始めるというテクニックもあるが、これは上級者向きなので、慣れていない人がやるとしゃべっている本人が混乱してしまう。まずは基本に忠実に、多少味気なくても最も伝えたいことを先に簡潔に述べることを心掛けたい。

## まわりの人を巻き込むのが、効率いい情報収集の最初の一歩

情報を集める手段として手っ取り早いのはインターネット検索だが、オンライン上に世の中のすべての情報が網羅されているわけではない。マイナーな情報であればいくら探しても出てこないし、新しいことをやろうとしている時には直接役立つ情報は期待できないだろう。となると、別の手段で探さなくてはならないのだが、そんな時こそ生かしたいのが人的ネットワークだ。

テレビであれば同じチャンネルをつけると誰もが同じ内容の情報を見ることができるが、インターネットの場合は同じアプリを開いても表示されている情報は人それぞれ異なっている。

これは、その人が検索したキーワードに関連するおすすめ情報が自動的に表示されるからだが、ということは、家族や親しい友人であっても日々違った情報に接しているということがわかる。

オンライン上に限らず世の中は大量の情報であふれているが、ひとりの人間がアクセスできる情報は限られている。

だからこそ、自分が探している情報はできるだけ多くの人に告知しておきたい。異なる情報源を持った人のネットワークを活用すれば、それだけ手がかりのチャンネルが増えるからだ。

もし自分の友人が情報を持っていなかったとしても、その友人の友人に知識がある人がいる可能性もある。ＳＮＳのハッシュタグキャンペーンではないが、まわりの人に情報を求むと告知しておけば、直接の知り合いではない意外なところから情報をもたらされることが期待できるのだ。

また、周囲に積極的に告知しておけば、知りたい情報そのものでなくても、異なった視点のアドバイスが得られたりもする。異なった知識と経験を持った人的ネットワークを積極的に活用することは時間の節約になるだけでなく、予期せぬ視野を広げるきっかけにもなるのだ。

## 逃げ続けるより、早く決断して時間の浪費を防ぐ

好きなこと、得意なことだけをやって生きていければ幸せだが、現実ではやりたくないことやイヤなことでも取り組むしかないことのほうが多い。

ただ、この「イヤだ…」というネガティブな感情を放置したままにしておくのはかなりの時間のムダ遣いといえる。「やりたくない、どうしよう」と悩んでいる間は、ほかのことにも集中できず、何事にもパフォーマンスが落ちる。その場で足踏みしている状態と同じで、時間だけが流れていってしまう。

そうならないためのひとつの方法は、目の前に突きつけられている課題を「やるか」「やらないか」の2択で考えること。決断を先延ばしにしないことだ。

もしも断れる内容であれば断る。自分のキャパを大きく超えていて、客観的に自分がやるのにふさわしくないと思うのなら勇気をもって断ろう。それで周囲との関係がギクシャクしたとしても、本来自分がやるべきことで挽回すればいい。

しかし、どう考えても断れないし、やってやれないことはないかもしれないと判断したら、腹をくくるしかない。そして、やると決めたら気持ちを無の状態に切り替えて、粛々と準備に取りかかる。そうすることで、本来の時間の流れに自分を合流させていくのだ。

最初はイヤな感情しか持てなかったことのなかにも、ちょっとした面白さが見えてくることもある。やってみたら意外と楽しめたとしたら儲けもの。そうでなかったとしても何とか乗り切ったという経験はその後に生かすことができる。

やたらとスピード感が重視されるうえに、次々と新しいスキルを身につけなければならないプレッシャーがある環境では、周囲の言いなりになっているとすぐにキャパオーバーになってしまう。

自分の大切な時間とスキルを判断材料に、ここまでならできるという冷静な基準を自分の中に持つことも大切だ。

## 質問は、グループチャットでみんなに投げかける

インターネットを介して多くの人と瞬時につながれるようになり、もはや「三人寄れば文殊の知恵」どころではなくなった。よりたくさんの人の知識や経験をシェアすることで、素早く最適解に近づけることができるのはネット社会がもたらすプラス面のひとつだといえるだろう。

このような情報のシェアは、仕事での困り事の解決にもおおいに役立つ。そして、その際に使うツールは、メールよりも断然グループチャットのほうがいい。

なぜなら、メッセージのやり取りにスピード感があるし、何より投げかけた質問がより多くのメンバーの目に留まるからだ。

特に答えがひとつではない問題にぶち当たったような場合は、これまでのさまざまなケースが参考になる。経験者からどんどん意見をもらい、内容を精査して自分のケースにあった対処法を見つけることができるのは心強いものだ。

このように、1人対多数のコミュニケーションが可能になるのがビジネスチャットの強みである。

また、そのチャットを利用しているグループで、誰もが使いやすいルールを決めておくと活用が進みやすくなる。

たとえば、投稿を読んで意見やアドバイスがあれば返信する、わからなければ返信やリアクションは不要といった誰もが気軽に使えるようなルールを決めておくのだ。使っているうちに最初のルールが現状に適していないという意見が出たら、話し合ってカスタマイズすればいい。

プライベートで使われているチャットアプリとの違いとしては、ビジネスに特化しているのでセキュリティが高く、添付できるファイルの種類が多い、大容量のファイルでも送受信できることなどがあげられる。

「聞くは一時の恥、聞かぬは一生の恥」というが、情報をシェアすることで円滑な人間関係が構築されるし、業務の効率化も図ることができる。

## 知恵を結集するためのアンケートフォームの使い方

よく日本はムダな会議や打ち合わせが多いなどといわれるが、それは時間をかけた割に中身がないというのが原因だ。参加者からの意見も特になく、一方的な発信だけで終わってしまうことも少なくない。

役職や立場を超えていろいろな人の意見が発信される集まりにしたいと思うなら、前もって意見やアイデアを幅広く募っておくことをおすすめしたい。方法は紙よりはメールがいいが、後で集約することを考えるとクラウドサービスのアンケートフォームがおすすめだ。

アンケートフォームの代表的なアプリといえば、Googleフォームやマイクロソフト365のフォームス。どちらもアカウントを作れば無料で使うことができる。

使い方は、質問事項を入力してアンケートを作成し、リンク（URL）をコピーしてメールやチャットで送るだけだ。回答するほうはアカウントを持っていなくても、リンクを知っていれば回答することができる。

これらを使って会議や打ち合わせ前に考えておいてほしいことをアナウンスし、それぞれが持っている意見やアイデアを送ってもらう。そうすることで、回答者も議題を自分のこととして考えるきっかけづくりにもなるのだ。

内容的に問題がなければ、参加者以外にもできるだけ多くの人の意見を集めておくと気づかなかった視点や新たな発見が見いだせる可能性がある。こうして集めた意見やアイデアをベースに議題を揉んでいけば、会議の質は格段にアップし、価値ある時間になる。

また、これらのアプリの便利なところは、回答をエクセルやスプレッドシートに書き出してデータベース化して保存しておけるところだ。

紙やメールでもらった回答であれば、後々の参考にしたい意見をひとつひとつ手入力したり、メールの内容を別のファイルにコピペして保存するなどの手間がかかるがその必要がない。まさに、会議の「内容の充実」と「効率化」の両方を実現するのにうってつけのツールなのである。

## 学校の書類とメールの返信は、「即レス」が基本

会食への誘いや保護者会、イベントの出欠確認、集金のお知らせなど、受け取ったら何らかのアクションやレスポンスが必要な書類は多い。ひと通り目を通して締め切りを確認して、まだ余裕があると思うとついそのまま脇に置いてしまうことも多いだろう。その行動こそが、時短の敵である。

たとえば、イベントの出欠確認の書類を受け取ったとしよう。中身を確認して興味がある場合、日程を見て行けるかどうかを判断する。どちらの場合も書類の出欠票に記入するか、2次元バーコードなどで出欠確認サイトにアクセスする。

子ども経由で提出する書類の場合は、その場で処理して託す。この一連の作業は、どんなに長くても数分で済む。

しかし、いったん脇に置いてしまって日にちが過ぎてしまうと、まず書類を探すことから始めることが多くなる。なぜなら、やるべきことを後回しにするタイプの

人は、書類の管理も雑になりがちだからだ。この段階ですでに数分以上の時間がかかってしまう。

探す時間がかかっても無事に発見できればまだいいのだが、うっかり紛失してしまったり、見つかっても期限が過ぎていたりという事態も起こり得る。

紛失の場合は、誰かに内容を確認する必要があるので、さらに時間を食ってしまう。場合によっては、先方に連絡しなければならないだろう。

返答が必要な書類を後回しにするのは、みすみすムダな時間をかけるリスクを冒すようなものなのだ。いつでもできる単純なものほど即レスがベストになる。

配信されたものならすぐに確認をして、レスポンスが必要ならそのままやってしまう。子ども経由のプリントなら、受け取ったその場で確認して書き込み、翌日の持ち物に加える。受取、確認、処理という動作をひとつの流れでこなせば、時間と手間は最小限で済むのである。

## 一気に話を進めるための「場所」の選び方

なかなかまとまらない話を一気に進めたい。短時間で本音を聞き出したい。話を聞いている余裕がない――。そんな時は会議室ではなく、ある特別なセッティングで臨むのがおすすめだ。

まず人間の心理として、真正面から向き合うより、横並びに位置したほうが警戒心を抱きにくく、リラックスしやすい。また、邪魔が入らず、集中できる環境であれば話を進めやすくなる。

この2つの条件を満たしているのが、車の中だ。同じ方向を向いて横並びに座れば、相手の顔やしぐさを見ないことで反応を気にし過ぎることはない。それでも距離は近いし、ほかの人の邪魔が入らないので、内密の話もしやすい。

職場の同僚なら移動する車の中で相談を持ち掛けてもいい、家族なら買い物や食事に出かける車中で話せばいいし、オーソドックスだが好意を持つ相手ならドライブに誘うのも手だ。

相手の本音を引き出しやすい環境が、話をまとめるまでのスピード感を上げてくれるので一気に結果を出すこともできるのである。

この人間心理を応用すれば、ムダなく効率的に話をしたい時はカフェなどのテーブル席で向かい合うより、カウンター席で横並びに座ったほうが理にかなっているのがわかる。お互いに正面を向くより緊張感がないので話しやすいはずだし、相手の意見もスムーズに引き出すことができる。

より関係性を深めたい相手なら、レストランよりカジュアルなカウンターのバーでソファに並んで腰掛けるなど、応用範囲は無限に広がるはずだ。

人間関係は時間効率を追い求めるだけがすべてではないが、ちょっとした工夫で一気に話は進んだりする。

## あえて自分を追い込む状況にもっていく環境づくりとは？

近年、都内に出現した原稿執筆をする人のためのカフェが話題になっている。ライターを生業にする人はもちろんのこと、卒業論文に追われる学生や、趣味で小説を書いている人など、さまざまな理由で「原稿を書かなければならない」人たちが重宝しているという。

ふつうのカフェと何が違うのかというと、入店時に「何時までにどのくらい書くか」を自ら申告し、店長が1時間ごとに進捗を伺いに来る。そして、原稿執筆が終わるまで退店できないという設定にできるらしい。ごく狭いターゲットではあるが、これが意外にもハマった理由は、自らノルマを第三者に申告して見張ってもらうことで、きっちりと成果につなげられるという一定の効果があるからだろう。

最近はリモートワークがすっかり浸透したが、実態は、その人の性格によって向き不向きが分かれる。通勤や移動時間が減ったぶん、さっさと仕事を終わらせて自由な時間を生み出している人もいれば、人の目がないことで仕事とプライベートの区別がつけられず、メリハリのない時間をムダに費やしている人も多いだろう。

つまり、後者のような「自己管理が向いていない」タイプにこそ、前述のカフェはウケているわけで、そこには時間の使い方に関するヒントも隠されている。

まず、仕事や勉強が思うようにはかどらない場合、やはり場所を変えてみるというのはひとつの手だろう。カフェではなくてもコワーキングスペースに場所を移すだけで、自然とやる気モードに入れたりする。

ビジネスの場でも、自分の席を特定せずに自由に座席を選べるフリーアドレス型のオフィスが増えているが、このスタイルにも同様の効果があるかもしれない。

また、ノルマは店長ではなくスマホに申告して、1時間ごとにリマインダーをセットしてリアクションしてもらうというのもアリだ。そんな単純なことでと思うかもしれないが、自分以外の見張り役がいることで緊張感を保てるタイプもいる。

特に気が乗らないことほど、自分を追い込める状況にもっていく工夫をするのが吉なのである。

❖コラム・時間を共有する

## 2週間だけ人の話に耳を傾ければ、2年間かけてみんなの気を引き、ようやく得た友達よりもたくさんの人と友達になれる。

デール・カーネギー（アメリカの実業家・作家）

聞く耳を持つのはなかなかできるものではない。しかし、誰かの心を開きたいと思ったら、自分がいかに信頼に足る人物かを延々と説くことは逆効果になる場合がある。それより、相手の話に真摯に耳を傾けるべきであろう。これは、デール・カーネギーの言葉。自分のアピールよりも、まずは相手を尊重し、その言葉を受けとめることからはじめたい。

○参考文献

『やりたいことを全部やる！時間術』（臼井由妃、日本経済新聞出版社）、『超「時間脳」で人生を10倍にする』（苫米地英人、宝島社）、『24時間でかならず成長する方法』（生田知久、中経出版）、『結果を出し続ける人が朝やること』（後藤優人、あさ出版）、『「忙しい」「時間がない」をやめる9つの習慣』（和田秀樹、大和書房）、『余計なことはやめなさい！』（氏家健治、集英社）、『植木理恵のすぐに使える行動心理学』（植木理恵監修、宝島社）、『ひらめきスイッチ大全』（サンクチュアリ出版）、ほか

○参考ホームページ

e-ヘルスネット（厚生労働省）、立命館大学　学生サポートルーム、ほか

青春文庫

〝私《わたし》の時間《じかん》〟はどこに消《き》えたのか
誰《だれ》も教《おし》えてくれない24時間《じかん》のすごい使《つか》い方《かた》

2023年7月20日　第1刷

編　者　ライフ・リサーチ・プロジェクト
発行者　小澤源太郎
責任編集　株式会社プライム涌光
発行所　株式会社青春出版社

〒162-0056　東京都新宿区若松町12-1
電話 03-3203-2850（編集部）
03-3207-1916（営業部）
振替番号　00190-7-98602

印刷／中央精版印刷
製本／フォーネット社
ISBN 978-4-413-29831-5

図説　家康が築いた
江戸の見取り図

中江克己

江戸城・武家屋敷・五街道・六上水・裏長屋・新吉原…すべては百万都市に張り巡らされた壮大な〝仕掛け〟だった！

(SE-827)

日本史を変えた
「最後の○《まる》○《まる》」

日本史深掘り講座［編］

時代の終焉に遭遇した
13人の目撃者たち――。
彼らの〝沈黙〟から、歴史の裏を暴く。

(SE-828)

たったひと言で、人間関係が変わる
気の利いた言い換え680語

話題の達人倶楽部［編］

本音を言っても、嫌われないすごいワザ！
どっこいどっこい→遜色ない、朝令暮改→臨機応変…話題のベストセラーLEVEL2！

(SE-829)

一流の「雑談」を手に入れる
話のネタ大百科

話題の達人倶楽部［編］

15万部突破のベストセラー、
『できる大人の話のネタ全書』に、
〝新ネタ〟をプラスして初の文庫化！

(SE-830)